彼女たちの戦争　嵐の中のささやきよ！

もくじ

＊享年は数え年ではなく満年齢で記しています。
＊文中の（→）は関連する項目を示しています。

ブックデザイン　名久井直子

はじめに

彼女たちの戦争は、いったいどんなものだったのか。

彼女たちは、いったいそこに、どのように抗い、どのように呑み込まれ、あるいは、そのどちらでもなく、どのように、生きのびたのか、死んだのか。

私は、彼女たちが、どのようにして戦争を生きたのか、知りたい。


いま、私の生きているこの世界で、戦争がおきている。私はそのことが耐え難く、しかし私はそれを止めるすべを知らず、戦争という巨大なものを前にすると、私という存在は、どこまでも小さく、無力で、何ひとつ変えることなんてできないように、思えてしまう。

けれど、そんな嵐の中で、私は、いま、耳を澄ませたい。

かつて生きて、死んだ、彼女たちひとりひとりの、ささやきを、聞きたい。

彼女たちは、私がここに書くことになる彼女たちは、そのだれひとりとして戦争というものと全く無関係には、生きられなかった。たとえ、その生や死が、直接的に結びついてはいなくても、ここそこで戦争がおきていて、彼女たちはその人生のどこかで、戦争を生きなくてはならなかった。しかもその戦争の殆どは、彼女たちがはじめた戦争ではない。それらの戦争は、国は、政治は、かつては男たちのものだったから。

いま、私は、彼女たちひとりひとりを、その声を、そのささやきを、なぞろうとしてみる。

彼女がささやいたその場所は、戦場のただなかだったかもしれないし、仕事場だったかもしれないし、台所だったかもしれないし、もっと別の場所だったかもしれない。

その声は、ごくささやかで小さかったかもしれないし、大きく叫ばれたものだったかもしれない。それは華々しく成功したかもしれないし、傍から見れば滑稽だったり、失敗に見えたかもしれない。

いずれにしても、そのささやきは、時に失われながらも、いま、ここへ、私のところへまで届けられたものである。

ときに、嵐ばかりが、大きく響いて聞こえることもある。

けれどその中にあってなお、ひとりひとりのささやきが、決して無力なんかではないと、この私を、私たちを、社会を、世界を、揺るがすこともできると、私は信じ、これを記したい。

マルゴーとアンネが一緒に写った最後と思われる写真　1942 年　16 歳と 13 歳

書くこと書かなかったこと書けなかったこと

書いても失われてしまったこと

死んでからもなお生き続けること！

1

マルゴー・フランクとアンネ・フランク姉妹

享年 19 歳　享年 15 歳

Margot Frank (1926– 1945) & Anne Frank (1929 – 1945)

パレスチナで助産師になることを夢見ていた姉と

作家かジャーナリストになることを夢見て

《隠れ家》での日々を書き記した『アンネの日記』の作者である妹

『アンネの日記』。幼い頃、私は彼女の日記を貪るように読んだ。そこに綴られていたのは、《隠れ家》での日々のこと。父や母との葛藤、将来の夢、勉強、おしゃれ、恋、それから戦争に対する意見。私は完全に彼女に魅了され、いつか私も彼女のように勇敢で賢くなって、作家かジャーナリストになりたいと夢を見た。

けれど当時の私は、その日記が最後になぜ突然途切れるのかを知らなかった。この私が生まれた、この日本という国が、かつて彼女を死に追いやったナチ・ドイツと同盟国だった（→ヴェルダ・マーヨ）、という事実を知らなかった。

ドイツ、フランクフルトの街でユダヤ系の家に生まれたマルゴーとアンネの姉妹。ドイツでナチが政権を掌握して以降ユダヤ系住民への迫害が強まったため、一家でオランダへ逃れることになった。アメリカなどへの亡命も画策したが、難民を受け入れてくれる国はわずかしかなく、それも叶わなかった。

ナチ・ドイツは次々と周辺諸国へ侵攻、オランダもまた占領され、ユダヤ人、同性愛者、障がい者、ロマやシンティたちが次々と強制収容所へと送られ虐殺されてゆく。

そうして遂にマルゴーにも令状が届いたため、一家は、アムステルダムの《隠れ家》に潜むことになった。そのときアンネは一三歳、マルゴーは一六歳。ちなみにその父、かつての第一次世界大戦でドイツ軍（→クララ・イマーヴァール）として戦ったフランクは五三歳、母、エーディットは四二歳。その《隠れ家》で過ごした約二年間をも含む日々を、「親愛なるキティー」という空想上の友へ向けてアンネが綴ったのが『アンネの日記』である。

　これまで私はアンネに憧れ続けていたのだが、気づけば、私は彼女の歳をとうに追い越して、いまや、彼女の母の歳さえ超えて、私も母だ。この頃は、故国を離れ、言葉が違う国で娘を育てながら《隠れ家》に潜み、娘から反抗的な言葉を投げつけられて、しかしなすすべを持たない母の気持ちを考える。

　彼女が最後の日記を書いてから二日後、《隠れ家》は密告され、そこに潜んでいた彼女たちを含む全員と、それを助けたものたちが捕まった。

　彼女たちは、その後ヴェステルボルク通過収容所を経て、アウシュヴィッツ絶滅収容所（→クララ・イマーヴァール）へ送られ、その後ベルゲン＝ベルゼンの強制収容所へ移送され、そこでチフスに感染し死んだと、伝えられている。彼女たちの、その死の正確な日時も、その遺骨がどこにあるかさえ、わからない。そこが連合国軍に解放されるまでわずか一ヶ月あまり。

《隠れ家》に潜み、強制収容所へ送られたものたちのうち、生きのびたのは、彼女たちの父だけだった。戦争が終わった後、彼は娘の日記を手わたされ（彼女たちの逮捕後、《隠れ家》の人たちを助けていたミープ・ヒースが、床に散らばっていたそれを拾い集めて保管したのだ）、それを出版。ベストセラーになる。

　彼女は、日記にこう書いていた。

「わたしの望みは、死んでからもなお生きつづけること！」

彼女は、その言葉どおり、死んでからもなお生きつづけることになる。

もしも彼女が生きていれば、今年で、九五歳。しかし私はもう、彼女が、おばさんに、おばあさんになったときの言葉を、決して読むことができない。

それから、私が考えるのは、彼女の姉、マルゴーのこと。彼女の夢はパレスチナで助産師になることだった。

彼女は、やがてユダヤ人がパレスチナの地にイスラエルという国を建国し、そこに暮らしていたパレスチナの人々を迫害する側に立つことも、そこからまた新たな虐殺がはじまることも、知らずに死ぬことになる。彼女にも、殺されて死んでいった、そしていま、死んでゆく、少女たちひとりひとりにも、生きのびれば、叶ったり叶わなかったりする、夢が、未来があった。

彼女は書いた。書いたものが残された。けれど、その向こうには、書かなかった、書けなかった、あるいは書いても失われた、書いても読まれることのない、ひとりひとりが、存在している。いまなおつづく虐殺を前に、私はそれを強く心に刻みたい。

「でも、それでいてなお、顔をあげて天を仰ぎみるとき、わたしは思うのです――いつかはすべてが正常に復し、いまのこういう惨害にも終止符が打たれて、平和な、静かな世界がもどってくるだろう、と。それまでは、なんとか理想を保ちつづけなくてはなりません」

娘魔子の誕生を祝う　1917年　22歳

あの震災の日と井戸の底から続く道

2

伊藤野枝

享年28歳

Ito Noe（11895-1923）

婦人解放運動家・アナキスト・作家・『青鞜』編集長

あの震災から一四年の後、日本は中国と本格的な戦争をはじめることになる。日本は、すでに日清戦争と日露戦争（→貞奴）により朝鮮半島と台湾を植民地支配していた。あの震災とは、一九二三年の関東大震災のことであり、後にはじまるのは日中戦争である。私が伊藤野枝のことが気になりはじめたのは、その関東大震災について調べていた折のことだった。彼女は、関東大震災のときに殺され、その死体を井戸に投げ捨てられたから。

彼女の燃えるような激しい生涯は、これまで本にも映画にも繰り返し描かれている。婦人解放運動家、アナキスト、作家、翻訳家、平塚らいてうが創刊した『青鞜』の編集長など、その呼び名も多彩。つきあったのは、ダダイストの男、辻潤、アナキストの男、大杉栄（→ヴェルダ・マーヨ →高井としを）（その恋愛では四角関係がもつれて男が短刀で刺される事件も発生）、産んだ子どもの数は合計七人。福岡県に生まれたが叔父に懇願し上京、東京、上野高等女学校に編入。卒業後、帰郷し結婚させられそうになるところを逃げ出して、当時教師だった男、辻潤のもとへ転がり込み……と、どこまでも波乱万丈だ。正直、私のようなぼんやり生きている人間には想像もつかぬ人生で、しかしここまでの破天荒さを持たなければ女が自由に生きようとすることさえできなかったのかも、と考え気が遠くなる。

彼女は、けれど、あの震災そのものでは、死ななかった。

震災後、火災が巻き起こり、瓦礫と化した東京の街に、あらぬ噂が飛び交った。「朝鮮人が謀反を起こそうとしている」「朝鮮人が井戸に毒を入れた」「朝鮮人がやってきて女が姦される」。やがてそれがもっともらしく語られるようになり、男たちは刀や鳶口、銃剣を手に、女子どもを守るための「自警団」をつくりあげ、道端で朝鮮人や朝鮮人とおぼしき人たちを捕まえ、殺害しはじめたのだった。ついにはそこに、警官、軍人の男たちもくわわり、虐殺は本格的なものになる。朝鮮人の謀反など、ありもしないことだった。しかしそれらのデマを事実認定し、警視庁から号令をだした官房主事の男は、後の読売新聞社社長、(戦後はA級戦犯容疑で勾留され公職追放処分を受けた後、「原子力の平和利用」キャンペーンを繰り広げた)初代原子力委員会委員長になる正力松太郎(→ヒロシマ・ガールズ)である。

ただでさえ多くの人たちが震災で死に、傷ついていたのに、震災後、さらなる人たちが、しかも人為的に殺され、傷つけられたのだ。後に、警視庁が事実誤認を認めるが、すでに手遅れだった。さらには、その混乱に乗じて、憲兵隊の男たちが、国にとって都合の悪い、社会主義者や無政府主義者らを虐殺した。殺されたのは、彼女、そのパートナーであり子守りをしていたアナキストの男、大杉栄、それから、そのときたまたま預かっていた男の六歳の甥、橘宗一。事件は揉み消されるはずだったが、甥がアメリカ国籍だったため国際問題になって、ようやく発覚した(→学校へ通う少女たち)。

彼女は、憲兵隊の男たちに暴行され、首を絞められ丸裸にされた挙げ句、死体はゴザに巻かれ、東京憲兵隊本部内の古井戸に投げ込まれたという。

ところで、彼女たちを殺した憲兵隊の男たちを率いた男、甘粕正彦は、後に満州で暗躍、満洲映画協会の理事長になる。

あの震災から一〇年、帝都東京の街は華々しく復興を遂げる。

その年、日本は国際連盟を脱退。日本の関東軍が中国で満州事変を起こし、日本の傀儡国家である満州国（→婉容）を建国したことを、非難されたためだった。

そうして日本は日中戦争、太平洋戦争へと、突き進んでゆくことになる。

とはいえ有楽町には劇場が次々と開業し、銀座の街も、華やかに賑わっていた。

殺された、彼女の、朝鮮人の、人々の、死体が横たわり、血が染み込んだ、その地面の上に、真新しい建物が建ち並び、真新しい着物で着飾った人たちが歩く。

しかしやがて今度は太平洋戦争末期のアメリカからの空襲で、この街はまた、瓦礫と化し、死体が横たわり、血が染み込むことになる。

「未だ知られざる道の先導者は自己の歩むべき道としてはびこる刺ある茨を切り払つて進まねばならぬ。大いなる巌を切り崩して歩み深山に迷ひ入つて彷徨はねばならぬ。毒虫に刺され、飢え渇し峠を越え断崖を攀ぢ谷を渡り草の根にすがらねばならない。斯くて絶叫祈祷あらゆる苦痛に苦き涙を絞らねばならぬ。知られざる未開の道はなを永遠に黙して永く永く無限に続く」

彼女が、『青鞜』に寄せた、「新らしき女の道」という文章である。

いま、あの震災から一〇〇年後の世界を生きる私は、この街の、真新しい、地面の上を歩く。日比谷通りを、パレス・ホテルの脇を歩く。この地面の下には、井戸の底には、殺されたものたちが、彼女が、彼女たちがいて、いまここに繋がっている。

裏庭でタイプライターを打つ
アメリカ　マサチューセッツ州　ウェルズリーにて　1954年　22歳

覆いかぶさるガラスを破壊して自らの手で選び取りたいと望むこと

3

シルヴィア・プラス

享年30歳

Sylvia Plath (1932–1963)

作家・詩人　著書は変名で出版した『ベル・ジャー』
詩が本として出版されたのは死後

彼女が自らの手で選んだことが、オーブンに頭を突っ込んで一酸化炭素中毒自殺するという最期であった、ということを私はずっと考えている。彼女はふたりの子どもたちを残し、子どもたちが眠る部屋にはガスが回らないように目張りまでして、死ぬことを選んだ。

シルヴィア・プラス。彼女の小説『ベル・ジャー』を読んだとき、うっすらと窒息しそうになっていた私は、ようやくはじめて大きく息をする方法を見つけられた気がしたのに。


彼女の経歴だけを並べてみると、それはどこまでも輝かしい。

アメリカ、ボストンに生まれ、ボストンの名門スミス大学に入学、在学中に「マドモアゼル」誌のゲスト編集者に選ばれる。その後、ケンブリッジ大学ニューナム校（↓ロザリンド・フランクリン）で学ぶ奨学金を得てイギリスへ。そこでやがて桂冠詩人となる詩人の男テッド・ヒューズと出会い、結婚。

しかし詩人の男は、別の女と恋愛関係になっていた。彼女はふたりの子どもたちを連れてロンドンへ。変名で、小説『ベル・ジャー』を刊行した後、彼女はあの自殺を遂げることになる。享年三〇歳。

その死後、詩人の男の手により、詩集『エアリアル』が出版された。

ちなみに、詩人の男と恋愛関係にあった女、アーシャ・ウィーヴィルは、彼女が残したふたりの子どもを育て男との間にも子どもをもうけたが、やがてまたも男の情事が発覚、彼女は四歳の娘を道連れにガス自殺をすることになる。

けれどこれは、詩人の男が本当に最低だった（どれほど才能があろうとも）とか、彼女が、彼女たちが、ろくでもない男に捕まってツイてない（どれほど才能があろうとも）とか、そんな話ではない。

彼女は、生まれはアメリカ、ボストンだが、父はドイツ移民の生物学者で、母はオーストリア移民二世だった。戦時中のアメリカで、ドイツ人はたとえ長く暮らす移民であろうとも、敵国の人間だった。第二次世界大戦が終わったのは、彼女が一三歳の年。

「父親はナチ、母親はユダヤ人の血を引いているらしい、という状況が、娘にとって事態を複雑なものにしています。父と母のふたつの血が、娘の中で結び合い、せめぎ合うので、この緊張状態から開放されるために、彼女は小さな恐ろしい寓話を演じ切らなければなりません」（→マルゴー・フランクとアンネ・フランク姉妹）後に、彼女は「ダディ」という詩を、BBCラジオで自ら朗読することになるのだが、そこにそう付け加えたという。

彼女は知っていたのかもしれない。

父という存在、父権的なもの、男、地位、金、権力、巨大な力。女が、少女が、それらに徹底的に打ちのめされることを。そして同時に、それを愛し、欲してしまう、抗いがたさと、葛藤と、その恐ろしさを。

彼女には、若さも、美しさも、知性もあった。

彼女は、いつだって選ばれたし――名門校に、有名な雑誌のゲスト編集者に、奨学金留学生に、有望な詩人に――そこに選ばれるほどの力を持っていた。けれどおそらく彼女は、若さも、美しさも、知性さえも、いとも簡単に消費され、巨大な力に呑み込まれてゆくことを、知っていたのだ、と私は思う。そして彼女がどれほど選ばれようとも、最終的には、決して彼女が選ぶ側には立てない、ということを。

　彼女は、詩人の男に出会うより前にすでに、鬱病を患い、自殺未遂の末に、入院治療もしている。彼女が生きた父権的な社会の中で、女ができるのは、ただひたすら選ばれるための努力――着飾る、太らないようにする、気に入られるように振る舞う――をすることと、選ばれるのを待つことだけなのだから。

　実際、その死後にさえ、彼女の作品をその手で選び編集して本にしたのは、夫だった詩人の男だったのだから。男は、彼女の作品を選び、男が好ましくないと考えたいくらかは焼き捨てさえしたという。

　結局のところ、覆いかぶさるガラス《ベル・ジャー》の中に閉じ込められたまま、ひたすら向こうにいるものたちの顔色を窺い続けるしかないのだとしたら、それは絶望でしかない。ようやく彼女が、自らの手で選びとることができたのが、その死だけだったとしたら、それはあまりにも無念すぎる。その結論に、私は憤慨するし、とても悔しい。

　いま、私は、私たちに覆いかぶさるガラスに目を凝らそうとする。私はそれをこの目にしかと見つめて、ことごとく破壊したいし、それが破壊されて欲しいと、彼女が書き残したものを読む。

白い服に身を包み葬列を組む
イギリス　ノーサンバーランド　モーペスにて　1913年

“気が狂った女”がひとり死ぬより
競馬が中断されることのほうが重大だったあの頃は

4

エミリー・デイヴィソンの葬列を組む女たち
享年40歳
Emily Davison (1872–1913)

女性参政権運動に賛同の意志を示す女たち

エミリー・デイヴィソンというひとりの女が、競馬のレース場へ飛び出して死んだ。

六月四日に開催されたそのレースは、イギリスの由緒正しきエプソムダービー。会場には、国王ジョージ五世とメアリー女王もいた。というのも、国王ジョージ五世の愛馬アンマーもレースに出場することになっていたから。

彼女は紫と白と緑色——女性参政権運動のシンボルカラー——のサッシュを掲げ、人垣を掻き分け、柵を越え、猛スピードで駆けてくる馬の前に飛び出す。

VOTES FOR WOMEN
女に参政権を

ずっとむかしまだ子どもだった私は、彼女の姿をテレビの白黒映像の中に観たことがある。確か、NHKの「映像の世紀」だったと思う。ひとりの女が馬に跳ねられ倒れる映像は衝撃的で、いつまでも棘のように私の心に残った。参政権が欲しいからといって、なぜ彼女は馬の前になんて飛び出したりなんかしたのだろう、なぜ死ななくちゃならなかったのだろう。

ずっと大人になってから、私は当時の新聞がこう書き立てていたことを知った。

「気が狂った中年」の女が「大衆のための楽しいスポーツ」をぶちこわそうとした。

国王ジョージ五世が日記にこう書き記しているということも。

「哀れなハーバート・ジョンズとアンマーが跳ね飛ばされた。最大に落胆した日だった。」

アンマーに乗っていたジョッキーの男は脳震盪を起こして意識を失ったまま馬に引きずられたが、ほどなくして回復。彼女は内部損傷、頭蓋骨骨折の重症で、四日後に死亡した。

葬儀には、「純粋な意志」を示す白いドレスを纏い、白い百合の花を手にした女たちが大勢集まったという。

しかしそれはひとつの臨界点であり、女たちの女性参政権運動は、その一〇年前からはじまっていた。WSPU（Women's Social and Political Union）サフラジェットを組織したエメリン・パンクハーストは、長女のクリスタベルとともに活動し、何度も刑務所に投獄され、ハンガーストライキを繰り返していた。活動家の女たちは、放火やテロ行為までやってのけ、訴えを続けていた。そうした末の、彼女の死だった。

女たちは、男たちを産み育てていたが、参政権を持っていなかった。つまり、女たちは、男たちが作った法のもと、男たちが決めたことに従う。女たちは、労働も、賃金も、仕事の選択も、結婚も、何ひとつ自分で決められはしない。女たちは、離婚も、堕胎ももってのほかで、男たちに裁かれ、懲罰を受け、それがあたりまえのことだった。

彼女が、彼女たちが、その言葉通り、命をかけて手にしようとしたのは、女が参政権を、人として生きる権利を持つ、ということだった。つまり、この社会が、男たちだけのものでなく、それとほぼおなじ数いる女たちのものでもあるはずで、そんな女たちの言い分も聞いてもらいたい、という切なる願いであった。

イギリスで、女たちが参政権を手にするのは、その葬儀から五年後、第一次世界大戦中のこと（→ヴァージニア・ウルフ　→エウサピア・パラディーノ）になる。

とはいえ、その年齢は女にだけ三〇歳以上と制限がつけられていて、それが男女同等になるのは、一五年後。

奇しくも戦争が、女たちの社会進出と、参政権獲得を、後押しした形になった。投獄されていた女性参政権の活動家たちが恩赦され、エメリン・パンクハーストも、進んで戦争に協力した。ドイツとの戦い（→クララ・イマーヴァール）は予想よりも遥かに長引いたので、戦場へ出かけてゆく男たちにかわり、女たちがこれまで男たちがやっていた仕事をするようになった。

ちなみに日本の女たちが参政権を手にするのは、彼女の死からさらに三二年後。これまた、第二次世界大戦（→ヴェルダ・マーヨ　→ヒロシマ・ガールズ　→風船爆弾をつくった少女たち）という戦争とその敗戦が、女たちに参政権をもたらす形になった。

いま、女である私が、手にしているこの権利は、かつて、彼女が、彼女たちが、命を賭して、手にしたものだ。それを手にすることは、決してあたりまえなんかではない。女だけでなく男にとっても。貧しかった私の曾祖父にははじめ参政権などなかったし、私の祖母だって三〇歳を過ぎるまで参政権などというものを持ったことがなかったのだから。

しかし選挙があるたび、この日本の恐ろしく低い投票率を前に、私は考えずにはいられない。彼女の死は、彼女たちが組んだ葬列は、いったい何だったのか。

中国　重慶にて　1941年

緑の五月はエスペラント語を武器にする

5

ヴェルダ・マーヨ（長谷川テル）

享年34歳

Verda Majo　Hasegawa Teru (1912-1947)

反帝国主義運動家・エスペランティスト

彼女の名前はヴェルダ・マーヨ。エスペラント語で、「緑の五月」。その筆名をもってして祖国日本の侵略戦争と帝国主義に抗い、中国から世界へ向けて、書き、語り、戦った。本名は長谷川テル。

彼女が使ったエスペラント語というのは、一九世紀末、ポーランドのユダヤ人医師のルドヴィコ・ザメンホフが考案した、どの国にもどの宗教にも属さない、人工言語である。エスペラントは、「希望する人」を意味し、言語の違いによる争いをなくしたいという想いからはじまった。ロマン・ロランや魯迅をはじめとする作家や知識人たちが学び、日本では新渡戸稲造や宮沢賢治らも学んだ。私自身も、細々とではあるものの、長らく勉強を続けていて、その過程で、私は彼女のことを知ったのだった。

彼女がエスペラント語という言葉に出会ったのは、東京から奈良女子高等師範学校へ進学し、サークル活動をしていたときのことであった。

ときは日本が中国に満州国を建国（↓婉容）、ドイツではナチ党（↓マルゴー・フランクとアンネ・フランク姉妹）が、イタリアではファシスト党が台頭し、戦争へと向かいつつあった。そんななか、反戦平和運動や労働者《プロレタリア》運動（↓高井としを）とも関わりが深かったエスペラント語（ちなみに、「日本エスペラント協会」を設立したのは、アナキストの男、大杉栄（↓伊藤野枝））。とその学習は、日本でも治安維持法違反の取締りの対象になっていた。そうしたわけで、彼女はエスペラント語のサークル活動中に警察に検挙拘束され、高等師範学校を自主退学することになる。

東京へ戻った彼女はしかし、エスペラント語とその活動をやめない。そして同じくエスペラント語を学ぶエスペランティスト、満州国からの留学生、東京高等師範学校数学科で学ぶ男、劉仁と恋に落ち、結婚することになる（はじめ反対した彼女の家族も、後にはそれを受け入れることになる。ちなみに、彼女の姉も、姉が結婚した男もエスペランティストだった）。


彼女は、中国、上海へ渡り、夫になった男とともに、エスペラント語で書き、エスペラント語に翻訳し、エスペラント語を武器に、反戦、反帝国主義を訴える活動を繰り広げることになる。とはいえ中国では、日本人である彼女は敵国の人間である。スパイ容疑で追放されもしたが、エスペランティスト同胞の尽力で漢口へ辿り着き、そこで彼女は反戦を訴えるラジオ放送をやった。彼女は、ラジオを通し、前線にいる日本の兵士たちへ向け、日本語で語りかけた。無意味な戦争をやめるように。兵士の男たちは、ラジオから流れる、彼女の声を、言葉を聞いた。

勿論、日本の新聞には「売国奴」と写真入りで書きたてられ、彼女の日本の家族たちは「売国奴の家族」として罵られ、誹謗中傷に晒されることになるのだったが。


戦争が終わる。彼女の祖国日本は敗戦（→水曜日にその傍らに立ち続ける女たち　→ヒロシマ・ガールズ　→風船爆弾をつくった少女たち）。彼女は中国で英雄になっていた。

彼女はそのまま中国に留まった。息子、劉星が生まれていた。

翌年、中国、ハルビンで娘、暁嵐が生まれた（やがてその子どもは日本国籍を取得し、長谷川暁子という名前になる）。

中国国内では、国民党と共産党の内戦がはじまっていた。彼女が望んだ平和は、来なかった。やがて移り住んだハルビンからさらに東のジャムスで、彼女は三人目の子どもを身ごもるが、中絶手術を受けその感染症で死亡。彼女が、祖国日本に戻ることはなかった。享年三四歳。

中絶の理由は、幾つも憶測が飛び交うが真相はわからない。夫であった男は自責の念にかられていたといい、三ヶ月後に病死し、残された子どもたちは孤児になった。

「やがてかならずそのときは来る、
みどりの大陸のいたるところ、
五月の花々が
いままでとはことなった新鮮さをもってほほえむときが。
花々はいたずらに血を吸いあげているのではない。」

あの時代の中で、彼女のように、自分を信じ、人を愛し、反戦、反帝国主義の意志を貫き、平和を望み通すために行動できた人たちは、どれほどいただろう。そのささやきに、耳を傾け、声を聞こうとした人たちは、どれほどいただろう。

〝Flustr'el Uragano（フルストル　エル　ウラガーノ）〟『嵐の中のささやき』。

彼女がエスペラント語で記した、本の題名である。

フランスのリヨンで開催された触媒会議を訪れる　1949 年　28 歳

その死後何年経とうとも不正義に抵抗する

6

ロザリンド・フランクリン

享年 37 歳

Rosalind Franklin (1920–1958)

科学者　DNA 二重らせん構造の X 線写真撮影に成功

彼女はX線写真を撮影した。

そのX線写真が、DNAの二重らせん構造の発見に大きな手がかりを与えることになる。

しかし彼女は、そのX線写真が内緒で盗み見られていたことを知らないまま死んだ。

彼女はロザリンド・フランクリン。

死因は卵巣癌、X線写真撮影の際の被曝が原因とも言われる。享年三七歳。


イギリス、ロンドンのユダヤ系の家に生まれた彼女は、幼い頃から科学者になることを夢に見ていた。彼女は女子とユダヤ人の入学が、ようやく許可だけはされるようになっていたケンブリッジ大学のニューナム校（↓シルヴィア・プラス）に入学する。彼女の成績はトップクラスだったが、女子に学位が与えられることはないのであった。

ほどなくして、彼女の暮らすケンブリッジにも、ドイツでのナチ党台頭と、彼女の同胞でもあるユダヤ人たちの虐殺（↓マルゴー・フランクとアンネ・フランク姉妹）の知らせが、届きはじめる。しかしケンブリッジの人たちが、そのことにあまりにも無関心であることに、彼女は憤る。不正義を容認し、抵抗しようとしない、反戦主義者を許しがたいと、憤る。

彼女は自分も戦争に協力したい（とはいえ女になど良い仕事はまわってこない）、研究も続けたい、と考える。結局、彼女はロンドン西部の英国石炭利用研究協会（BCURA）で軍事研究をやり、やがて炭の研究で名を馳せることになる。ちなみに炭は毒ガスマスク（↓クララ・イマーヴァール）に使われていて、それがガスや水を通しにくい理由を探るのは立派な軍事研究だった。
第二次世界大戦は、イギリスをはじめとする連合国側が勝利、ナチ・ドイツは敗北で終わった。

彼女はフランス、パリでの研究を経て、イギリス、ロンドン大学キングス・カレッジに職を得た。しかしそこは、保守的で権威主義的な場所だった。女である彼女がこれまで築いてきたキャリアは完全に無視された。しかし、彼女は新しくはじめたＤＮＡのＸ線写真解析という仕事に打ち込み、その弛みない努力と長時間の仕事の末に撮影された写真こそが、れいのＸ線写真である。

事の顚末は、彼女の同僚で同じくＤＮＡ研究を手掛ける男、モーリス・ウィルキンスが、彼女が撮影したＸ線写真を彼女に内緒で勝手に、やはり同じ研究をしていたケンブリッジ大学キャベンディッシュ研究所の男たち、ジェームズ・ワトソンとフランシス・クリックに見せ、それを見た男たちが、その写真からＤＮＡの二重らせん構造を確信した、というものだった。
いずれにしても、彼女は彼女が人生をかけた研究が、男たちに盗み見られ、ひそかに研究の成果が横取りされていたなどということも、その後に起きたあれこれも、知らないまま、死ぬことになる。

彼女が死んだ四年後、ＤＮＡの二重らせん構造を発見した功績で、その男たちだけが、ノーベル賞を受賞する。

その際、モーリス・ウィルキンス以外は、彼女の名前さえ口にしなかった（それは、科学者の男オットー・ハーンがノーベル賞受賞の際、核分裂の発見に大きな役割を担った研究パートナー（→リーゼ・マイトナー）を殆ど無視した事実を、私に思い起こさせる）。

さらには、ジェームズ・ワトソンという男は『二重らせん』という本を出版し、その本の中で、彼女を意地悪くデータを独り占めする醜い女「ダークレディ」とし、「めがねを外して髪を少し工夫すれば、どんな外見になるだろう」というコメントまでつけくわえてみせたのだった。その『二重らせん』はベストセラーになっていた。


彼女は生きていた間、それらを予感していただろうか。

かつてユダヤ人ではない人たちが不正義に無関心であったように、女ではない人たちはそれを面白おかしく笑いとばしさえしたかもしれない。

けれど、彼女の死後何年が経とうとも、この不正義を告発し、抵抗し、彼女の研究を正当に評価しようとする、人たちがいる。

いまなお、彼女について、本が、記事が、書かれ、書き続けられ、その輪は広がっている。

私も、そうして彼女のことを知ったうちの、ひとりである。

中国　北京　紫禁城にて
1924年　17歳

自由を夢見るプリンセスの末路はこれなのか

7

婉容

享年39歳

Wanrong (1906–1946)

清朝皇后・満州国皇后

彼女はきらびやかな宝石を縫い込んだ衣装に身を包み、天蓋に黄金の鳥の飾りがついたまばゆいばかりの輿に乗り、プリンスと結婚するために、お城へ向かう。

そのはじまりは、どこかおとぎ話みたいでもある。

彼女は婉容《えんよう》。またの名をエリザベス。

向かう城は、中国、北京の「故宮」、紫禁城。彼女は一三歳で、そこに待つのは、一六歳で夫になる男、宣統帝、溥儀《ふぎ》。そしてその城にいるのは、前夜入輿した側妃の女、第二夫人の文繡《ぶんしゅう》と、一〇〇〇人を超える宦官——宮廷の女に仕えるために去勢した男たち——であった。


彼女は、中国、天津のフランス租界に育った。中国では珍しく纏足《てんそく》をしていない大きな足をしていて、流暢な英語を喋ったという。

彼女を写した白黒写真が、幾枚も残っていて、私は満州国を調べているうち、それを見た。広大な城のなかで颯爽と自転車に乗る彼女。白い旗袍《チーパオ》に簪子《かんざし》をつけ、カメラを手にする彼女。彼女自身も、写真を撮っていた。彼女は宦官の男と一緒にフィルムを交換していた。


彼女が結婚した男は、清朝最後の皇帝。そう、三歳で皇帝の位についた、ラストエンペラーである（ちなみにベルナルド・ベルトリッチ監督の映画『ラスト・エンペラー』では溥儀役はジョン・ローン、婉容役はジョアン・チェンだった）。男は辛亥革命で皇帝を退位させられていたのだったが、紫禁城に留まり、宦官たちに囲まれながら育った。

高い壁に囲まれた城の中で、男は、彼女は、いつかはヨーロッパへ渡り、自由な暮らしをしてみたいと夢を見る。そうして互いを、ヘンリー、エリザベスと、呼び合ったという。

しかし壁の向こうでクーデターが起き、男たちは紫禁城から追放されることになる。

中国大陸への侵略を目論む日本（→ヴェルダ・マーヨ　→水曜日にその傍らに立ち続ける女たち）の手を借りてでも、ふたたび皇帝の座に返り就きたいと固執する、男。日本など信用ならないと、ひたすらヨーロッパへ渡ることを望む、彼女。ふたりの関係は険悪になってゆく。第二夫人、側妃だった女はすでに逃亡して、離婚していた。

日本は中国に満州国を建国、男を皇帝の座に就かせる。

満州国首都は新京。勿論、満州国の実権を握るのは日本の関東軍の軍人の男たち（→伊藤野枝）で、皇帝の男はただのお飾りでしかない。彼女は、逃亡を企て離婚を臨むが、結局、騙され連れ戻される。

皇后の座に就いた（とはいえ日本の軍の男たちは彼女を即位式にさえ参列させはしなかった）彼女は、次第に追いつめられてゆく。彼女は、妊娠し出産するが、しかし夫である男はそれを不義の子だとして、殺させた。赤子は、ボイラー室の炎の中へ投げ込まれたという。女の子だった。

もはや彼女には、どこにも逃げ場はなかった。

彼女は、麻薬、アヘンの中へと、逃げ込んでゆく。

かつて彼女が作詞作曲したと噂されている歌を私はネットに見つけて聞いた。

「青天　路迢迢　喜馬拉山　比不高　世界繁華　都在目　立身雲端　何逍遙」

（青空の下、終わりのない旅が続く、わたしがいるところからは、ヒマラヤでさえ低くみえるほどわたしはこのにぎやかな世界がみんな見える　けれど雲の上に立ち、いったいどうしたらなににも縛られず、真の自由になれるのだろう？）


やがて日本は敗戦、満州国は崩壊することになる。

もはや満州国皇帝でなくなった男は、彼女や女たちを置き去りにして日本への亡命を企てたが、その途上ソ連軍に拘束され、収容所へ送られた。

彼女は、共産党の八路軍に捕まり各地を連れ回された（第四夫人だった李玉琴が彼女の面倒をみた）後、かつて彼女が満州国皇后として暮らした新京へと辿り着く。いまや長春になったそこは、つづく中国国民党と共産党の内戦のために荒れ果てていた。

彼女が死んだのは、それから一年も経たないうちのこと。アヘン中毒の禁断症状と栄養失調で錯乱し糞尿に塗れ死んでいったという。享年三九歳。

これがかつて、この日本という国もその人生を突き動かした、ひとりのプリンセスの結末であることが、私はやりきれない。

アメリカ　オークランド　アラメダ郡庁舎前にて　1968年

そもそも差別は差別されている側ではなくて
差別している側の人たちの問題なのだからという根本的な話

8

ブラック・イズ・ビューティフルを歌う女たち

黒人解放を訴える女たち

私は、作家のトニ・モリスンが、テレビ番組で話をしているのを観たことがある。彼女は、黒人の少女が主人公の『青い眼が欲しい』という小説でデビューした、黒人ではじめてのノーベル文学賞作家である。

白人のテレビ司会者の男が、彼女に向かってこう尋ねていた。

「あなたは人種差別にどのように対処しているのですか？」

彼女は一瞬絶句する。

「言わせてもらえば、その質問そのものが間違っている」

「じゃあ、何が正しい質問なんだ」とくいつく司会者に、彼女は問いかける。「どうしてわからないの？　それは人種差別を実践している人たちの、心が歪んでいるからだってことが」彼女はそれからきっぱり言った。「その人（白人）たち自身が、何をするべきか、考えることをはじめるべきなの。私を巻き込まないで」

南北戦争（↓エミリー・ディキンスン）後、アメリカでは奴隷制が廃止された。

かつてアフリカ大陸から連れてこられ、奴隷として働かされていた黒人たちは、解放された、はずだった。しかし黒人、有色人種は、その隔離政策、ジム・クロウ法という法律により、白人のための病院、学校、バス、レストランといった公共施設へさえ入ることができなかった。黒人であるという、ただそれだけのために、まともに投票もできなかったのだ。ちなみにナチ・ドイツ（↓マルゴー・フランクとアンネ・フランク姉妹）はこの法律をユダヤ人排斥のために参照したそう。構造的な差別が、学習の機会を、職を、権利を、奪う。日常的な暴力、貧困、命の危険に晒される。

　それでも生きのびるために非暴力による抵抗を続けたのは牧師の男、マーティン・ルーサー・キングだが、自衛のために武器を手にした男は、ヒューイ・P・ニュートンとボビー・シール、ブラックパンサー党だった（ちなみにマーティン・ルーサー・キングが暗殺された三日後に、党員の少年、ボビー・ハットンが射殺された）。

　黒い革のジャケットとズボン、ナチュラルなアフロヘアにはベレー帽、手にはショットガン。ブラック・パンサーのマークが描かれた水色の旗を靡かせる。

　無実の罪で逮捕されたメンバーたちの解放を訴え、アフロヘアの女たちが集まり、歌っていた。

「革命のときが来た！／銃を手に取れ！／ブラック・イズ・ビューティフル！」

　ブラック・パンサーのショート・フィルムを観たとき、銃なんて物騒な、と怯んだ私は、自分のあまりの呑気さと無知に恥じいる。

　白人のインタビュアーの男が、ブラックパンサー党のメンバーだったアンジェラ・デイヴィスに向かってこう尋ねていた。

「暴力で革命をするつもりですか？」

　彼女はやっぱり一瞬絶句する。

「あなたが聞きたいのは、そんなことなの？」

　街を歩けば黒人女性だというだけで何度も警察に止められる。故郷のアラバマ州では、幼友達が爆弾で殺された。「私たちはそんな環境で暮らしてるのよ　それでも私たちが暴力的だと？」

ブラック・パンサーのメンバーたちは、警察官から身を守るために自衛し、貧しい黒人たちの住む地域の子どもたちへ無料で朝食や医療の提供などを行ったという。警察やＦＢＩはそんなブラック・パンサー党を壊滅させようと躍起になり、メンバーたちにありもしない罪を被せ逮捕し、ときに家に押し入り、寝ているところを射殺した。

白人の警察官が、武器を持たない無抵抗の黒人を殺す。

自分たちを守ってくれるはずの警察が、自分たちを守ってくれるどころか、自分たちに暴力を振るい、自分たちを殺す。それはもはや、法も権力も、だれも信用できないし、だれも自分を守ってくれない、ということなのだ。

BLACK LIVES MATTER のハッシュタグを見つめ、そう考えたところで、私は、この日本で、かつて関東大震災の後に起きたこと（→伊藤野枝）に思い至る。日本人の警察官が武器を持たない無抵抗の朝鮮人を、朝鮮人とおぼしき人たちを、無差別に殺したことを。いまなお、政治家が、その事実を認めず、謝罪しないことを。

人種差別は、対岸の火事ではない。炎は、私の、私たちの中で、燃えている。

私がしなければならないのは、まず自問だ。

ギメ東洋美術館の図書室で踊るマルガレータ
後のマタ・ハリ　フランス　パリにて　1905年　29歳

ちやほやされるのは束の間で切り捨てられるのは
いちはやく待っているのは掌返し

9

マタ・ハリ

享年41歳

Mata Hari (1876-1917)

ダンサー・高級娼婦・スパイ

マタ・ハリ。マレー語、インドネシア語で「日の眼」「太陽」。

私が、彼女の名前を知ったのは、いつのことだっただろう。グレタ・ガルボが彼女を演じた映画を観たときだったか、あるいは、スパイの代名詞としてだったかもしれない。

女が、女であることを武器に成り上がり、男たちを魅了し、金を、力を手に入れ、暗躍し、最後は銃殺される。

まさに映画みたいな人生だ。実際、その人生は映画になったし、空想交じりの伝記も幾つも書かれた。私はその派手さに魅了される。けれど現実は映画でもないし、小説でもない。

オランダ、レーワルデンに、マルガレータ・ヘールトロイダは生まれた。彼女が、後のマタ・ハリである。

彼女は、裕福な家で溺愛されて育ったが、父の破産、両親の離婚を経て、一家は離散。窮地に追い込まれた彼女は、新聞広告の花嫁募集を頼りに、一九歳で結婚することにした。夫になった二一歳上の男と共に、オランダの植民地、オランダ領東インドへ向かい、駐留することになる。そこでふたりの子どもを産み育てたが、不和が続き、長男ノーマンの死も重なり、帰国。結婚生活は破綻し、離婚。彼女は娘ルイーズを夫であった男のもとに残し、ひとりでフランス、パリへ出た。仕事も見つからないまま困窮した彼女は、遂にオランダからやってきた子持ち女であることをやめ、東洋からやってきた（というふれこみの）神秘的なダンサーになることを決めたのだった。

かつて暮らしたオランダ領東インドで見たジャワ舞踏を真似て、エキゾチックでセクシーなダンスを踊ってみせた。パリの男たちは、たちまち彼女の虜になった。彼女はダンサー兼高級娼婦として、身体ひとつで財を成す。


第一次世界大戦がはじまっていた。

ドイツ軍が毒ガス（→クララ・イマーヴァール）を使いはじめたことをきっかけに、毒ガスの報復と塹壕戦が繰り広げられる。フランス軍（→マリア・スクウォドフスカ゠キュリー）も、対するドイツ軍（→リーゼ・マイトナー）も、兵士の男たちが大勢死んでいた（ちなみに彼女の祖国オランダは中立だった）。

彼女は、戦争中でも毛皮に宝石を身にまとい、ドレスをしまった幾つものトランクを抱えてフランス国内を移動してまわっていたのだが、やがてフランス軍に逮捕されることになる。フランスにおけるドイツ軍との二重スパイの容疑であった。彼女は死刑宣告を受け、銃殺された。享年四一歳。


彼女の元夫の男は、彼女が銃殺された際にこう言い放ったという。「何をしたのか知らないが、あいつはそんなたいしたことのできるタマじゃない」

実際、彼女が処刑されるに値するほどの証拠はなにひとつ見つけられなかったという。現実は映画よりも小説よりも、ずっと地味で残酷だ。
戦争は先が見えないまま長引いていて、人々の不満は溜まっていたし、国はその代償を支払う必要があった。外国人の、女である、彼女の処刑はうってつけだった、ともいわれている。フランスを、国を裏切るスパイ。男を騙した派手で不道徳な女、男を誘惑する女の敵。彼女には罰を与えるに十分な言い訳があったし、彼女は罰を与えても構わないほど弱い立場にあったから。

彼女がその処刑の直前、彼女の祖国オランダの領事館に書いたという手紙にはこうあるという。

「嫉妬――復讐――私のような女の人生には窮地に追い込まれた途端、様々なことが降りかかってくるのです」

結局のところ、どれほどもてはやされようとも、外国人は、女は、弱い立場にあるものは、ひとたび邪魔になれば容赦なく切り捨てられる、というのがこの世の常なのだということを、彼女が一番良く知っていたのかもしれない、と私は思う。

ところで、かつて彼女に夢中になった男たちも、彼女をもてはやし金を浴びせた男たちも、有力者の男たちもだれひとりとして、彼女を助けようとさえしなかった。そのことを、私は深く胸に刻みたい。

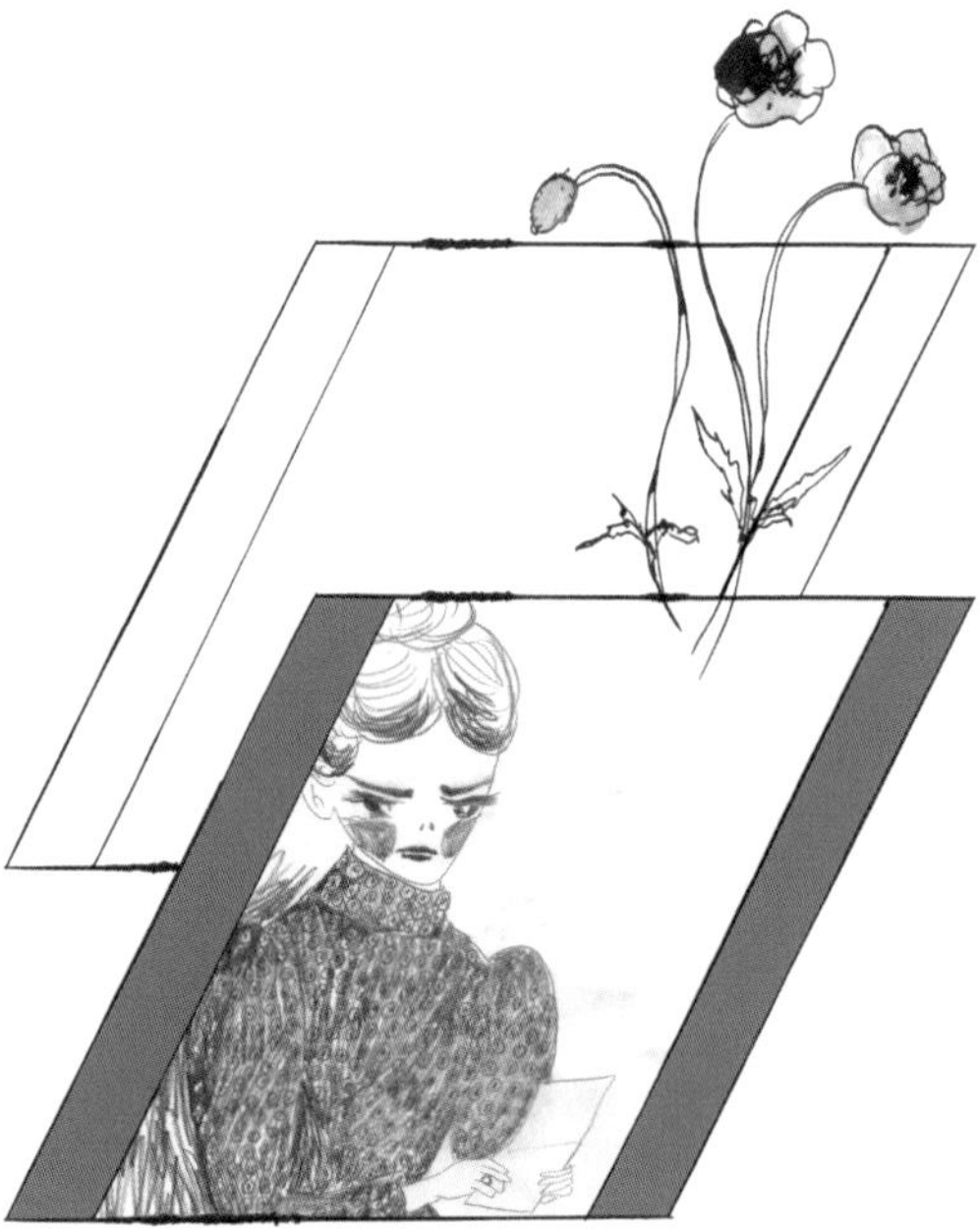

ブレスラウでの学生時代　1890 年頃　20 歳頃

愛国とひとりの尊厳

10

クララ・イマーヴァール

享年 44 歳

Clara Immerwahr（1870–1915）

化学者　出産後は子育てと家庭に従事

第一次世界大戦中、ドイツ軍が世界ではじめての毒ガスを使用した。

黄緑色の気体と強い刺激臭。毒ガスは風に乗り、あたり一面に広がってゆく。兵士の男たちは、咳や嘔吐、失明、呼吸不全などに陥り、死んだ。

クララ・イマーヴァール。彼女は、化学者だった。

彼女の夫の男が、その毒ガスを開発した、ドイツ、ベルリン、カイザー・ヴィルヘルム研究所（→ミレヴァ・マリッチ　→リーゼ・マイトナー　→湯浅年子）の化学者の男、フリッツ・ハーバーだった。男は、毒ガスこそがこの戦争を早く終わらせ大勢の命を救うものだと、愛する祖国ドイツを助けるものだと、信じて疑わない。


彼女は、ドイツ、ブレスラウ（現在のポーランド、ヴロツワフ）のユダヤ系の家に生まれた。化学を志し、ブレスラウ大学で学び、女としてはじめて博士号を取った。

彼女は、同じくブレスラウ出身の化学者の男、フリッツ・ハーバーに惚れこまれ、結婚を申しこまれる。ともに化学を愛し、ともに研究の道を進む、輝かしいふたりであるはずだった。

しかしそれから一四年後、彼女は自宅の庭でピストル自殺することになる。享年四四歳。

原因は、彼女が毒ガスの使用に反対していたからだとも、夫である男の浮気を知ったからだとも、そもそも精神が不安定だったからとも言われているが、本当のところはわからない。

ひとつ確かなことは、彼女の自殺後、男はその葬儀を他人に任せ、ドイツ軍がロシア軍（→アンナ・アフマートヴァ）と向かい合う東部ガリシア戦線へと赴き、大量の毒ガスを撒いた、ということだった。

彼女は、結婚後もしばらくは、料理を完璧にこなし、大学で連続講義を行い、男の著作の執筆を助けたが、長男ヘルマンの出産後から、次第に彼女は家庭の中に閉じ込められてゆく。男が化学者としての地位を駆け上がり忙しく働き続ける傍らで、彼女は研究どころではない日々を生きる。

「フリッツがこの八年間で得たもの、それ以上に私が失ったもの、そして私に残されたもの」

彼女は、手紙に書き記す。深く失望する。

そうしてはじまった第一次世界大戦。

彼女は、男が開発している毒ガスの恐ろしい効果を目のあたりにし、化学者としてその使用に異議を唱える。しかし男はそんな意見に耳を貸さないし、そもそも別の女と不倫の真っ最中なのであった。

戦場で、毒ガスが撒かれる。

しかし敵国(→マタ・ハリ　→エウサピア・パラディーノ　→マリア・スクウォドフスカ＝キュリー)もまた毒ガスを開発し、報復のためにそれを撒くのにさほど時間はかからなかった。

互いの陣営で大勢の兵士たちが毒ガスで死んでゆく。

第一次世界大戦は、ドイツの敗戦で終わった。

男が信じ、愛した祖国ドイツは負け、莫大な戦争賠償金を背負わされ、荒廃していた。男は、戦犯になることを怖れ、かつての不倫相手だった新しい妻と彼女の子を連れスイスへ逃亡。

ところがその年、男はハーバー・ボッシュ法（空気中の窒素からアンモニアを合成することで科学肥料の大量生産が可能になり「水と石炭と空気からパンを作る」方法として称賛されたが、これまた同時に爆薬の大量生産を可能にする技術でもあった）の功績により、ノーベル賞を受賞することになったのだった。

戦犯から一転、ノーベル賞受賞者になった男は、愛する祖国ドイツ再建のために尽力した。しかし皮肉にも、男はドイツ人だったが、ユダヤ系だった。

ドイツでナチ党が政権を握った後、男はユダヤ人の迫害を目の当たりにしながらカイザー・ウィルヘルム研究所所長を自ら辞職し、祖国ドイツを去った。

第二次世界大戦中、男の研究を基に開発された毒ガス（↓ロザリンド・フランクリン）「チクロンB」は、絶滅収容所（↓マルゴー・フランクとアンネ・フランク姉妹）で男の同胞であるユダヤ人らを大量虐殺するために使われることになる。ところで、それを率いたナチ党総統は、かつての大戦で、敵の毒ガスにやられて失明しかけた男、アドルフ・ヒトラー（↓アストリッド・リンドグレーン）であった。幸か不幸か、男はそれらを知るより先にスイス、バーゼルで冠状動脈硬化を起こして死んだのだったが。

愛国とは何か。大義とは何か。

彼女が手にしたかったのは、その対極にある、ひとりの人としての、尊厳だったのかもしれないと、私は思う。

ダゲレオタイプによるポートレート
アメリカ　ニューイングランドにて　1846-1847年　17歳頃

その窓の向こうに世界は繋がっていて

11

エミリー・ディキンスン

享年55歳

Emily Dickinson (1830-1886)

詩人　詩が本として出版されたのは死後

「「希望」それは羽根を持つもの
魂に宿るもの
言葉なしに歌を歌い
決してやめない　絶対に」

私は、エミリー・ディキンスンの詩を、彼女の言葉を、心の支えにしている。

アメリカ、マサチューセッツ州、ボストンの西にあるアマストの町に、彼女の家を訪れたことがある。彼女の家はミュージアムになっていて、私は、わざわざそれを見に行ったはずだったのに休館中で、雪がはらはら降っていた。ひたすら彼女の家を外から覗き込もうとしたけれど、閉ざされた窓には、緑色の板戸が嵌められていた。仕方なく、私は彼女の名前が冠せられたB＆Bに泊まり、彼女が慈しんだという庭の花々で作ったという押し花のアルバム本を買って帰った。

その窓の向こうで、詩を書き記した、エミリー・ディキンスン。その生前、発表することができた詩は一〇篇。しかも匿名で。その詩を、批評家の男に送ったが、それが詩集として出版されることはなかった。認められることも、知られることもなかったが、彼女は千数百篇の詩を書き残した。

彼女は、ピューリタニズムが根強く残る、アマストの町で育った。一七歳で学校を退学した頃から家で母の介護と家事をこなし（ライ麦パンづくりが得意で、コンテストでは賞も貰っている！）そのまま家に閉じこもるようになり、三〇歳を過ぎた頃からは社交も絶ったという。

南北戦争（→ブラック・イズ・ビューティフルを歌う女たち）がはじまっていた。アメリカは北と南に分かれ、黒人の奴隷制への反対と賛成をめぐり、戦っていた（ちなみにボストンは奴隷制反対の北軍陣営）。

彼女は、この国の中で戦争が起きていることを、この国の人々が戦争に熱狂していることを、大勢が死んでいることを、知っていた。その詩が匿名で掲載されたのも北軍系の新聞だった。けれど彼女は、直接的に戦争を、詩に謳うことはしなかった。

ただ彼女は、ひたすら扉を閉ざした部屋の中で、詩を書き、冊子を編んだ。戦争は、北軍の勝利、奴隷制の廃止をもって終わったが、かわらず彼女は部屋の中から、詩を書いていた。やがて彼女は腎臓炎を患い闘病の末、死亡。享年五五歳。

彼女の死後、彼女の妹のラヴィニアが、整理簞笥に彼女の膨大な詩を見つけ、出版のために働いた。その詩の編集は、はじめ彼女が生きているうちから詩を分かち合っていた彼女の兄の妻スーザン（彼女とは恋愛関係だったという説もある）に託された。けれど最終的には、彼女の兄の不倫相手のメイベル・ルーミス・トッドらがやった。いずれにしても、そうして、はじめて彼女の詩が、この世に出ることになる。

タイトルは「POEMS」。一一五編の詩が収められ、表紙には銀竜草の絵が添えられた。

やがて彼女の詩集が人気を博すと、皮肉にも、彼女の妹、彼女の兄、彼女の兄の妻と不倫相手、それぞれがその権利や主張をめぐって泥沼の争いになるのだが。

この世には戦いが絶え間なくつづく。

評価や名声を得るとか、金を稼ぐとか、誰かの役に立つとか、大義とか、勝利とか敗北とか、そんな全てから離れ、閉ざした扉の向こうで彼女は、彼女の詩は、どこまでも精彩を放ち続ける。

けれどその窓の向こうに世界は繋がっていて、心は、魂は、どこまでも遠くへ近くへいけるのだ。

熱狂の中で、孤独の中で、ひとり心を保つ方法を、彼女の詩は、私に教えてくれる。

1001回目の「水曜集会」 韓国　ソウル　中学洞在韓日本大使館前にて　2011年

ひとりの身に起きたことを
ひとりが引き受けなければならなかった苦痛を
なかったことにはしないという態度

12

水曜日にその傍らに立ち続ける女たち

旧日本軍慰安婦被害者たちとともに日本大使館前に集う女たち

私は、韓国の作家キム・スムの小説『ひとり』を、繰り返し読んでいる。

実際の証言を引用しながら、フィクションとして物語をたちあげた作品だ。

その冒頭にはこうある。

「これは歳月が流れ、生存されている旧日本軍慰安婦の被害者が、ただひとりになったある日からはじまる物語です」


私が一三歳のとき、ひとりの女が、第二次世界大戦中の性暴力による被害を訴えた。

彼女の名前は、金学順《キム・ハクスン》。

満州国（↓婉容）に生まれ、日本占領下の朝鮮で育ち、中国の村でかつての日本軍の男たちに姦されていた一七歳だった少女は、そのとき六七歳。

戦争が終わってから、四六年の時が経っていた。

これまでそれを訴えることができた少女は、いなかった。

私は、私たちは、はじめて、かつてそんなことがあったということを、そんな少女が、少女たちが、いたということを、かつての少女の口から、知る。

私は、彼女が訴えでたことよりも、彼女が四六年もの間、それを訴えられなかった、話すことができなかった、ということの方に圧倒される。そしてその四六年間、日本軍の男たちに性被害を受けた彼女たちの存在は、「慰安所」は、なかったことにされていたのだ、という事実に、私は戦慄した。

勿論、男たちがそれを話したこともあったが、それは大概、仲間内での自慢話や何かの一環として、笑い話のひとつでしかなく、大文字の「歴史」には、書かれていなかった、ということだ。

私は、これまで「歴史」というものは、ただあたりまえに、そこにあるものだと考えていた。けれど、国や政府や力を持つものたちにとって都合が悪いことは、いとも簡単になかったことにされるし、それを話す人がいなければ、それを聞き、それを守る人がいなければ、それは「歴史」からないことにされてしまうのだ（→風船爆弾をつくった少女たち）、ということをはじめて知る。

彼女が訴え出たことで、かつて日本が占領した、朝鮮、中国（→ヴェルダ・マーヨ）、台湾、フィリピン、マレーシア、インドネシア、オランダ（オランダ領ジャワ島（→マタ・ハリ））などで、日本軍の男たちに性暴力を受けたかつての少女たちが、次々と証言をはじめたのだった。

彼女たちは、「慰安所」に集められ、アイコやトミコといった日本名で呼ばれながら、日本軍から支給される〝突撃一番〟のゴムをつけた、あるいはゴムさえつけない、日本軍の男たちに、姦され続け、殴られ、拷問され、時には殺された。

年月が経ち、彼女たちが、ひとりまたひとりと、死んでゆく。話し、話すことができないまま、死んでゆく。金学順も、もう、この世にいない。

彼女は、彼女の訴えに日本の政府から謝罪の言葉を聞かないまま、死んだ。そして日本の政府は、いまなお正式には謝罪をしていない。

彼女が名乗り出た翌年の一月から、韓国、ソウルの日本大使館前ではじまった、旧日本軍の慰安婦被害者やそれを支持する人たちが毎週水曜日に集まる「水曜デモ」。その集会は、いまなお続いている。


やがて近い未来、小説『ひとり』のように、旧日本軍慰安婦の被害者が、ただひとりになる日も、現実にやってくることになるだろう。

『ひとり』を書いたキム・スムは言う。

「私が書きたかったのは、加害者か被害者か、男性か女性かを抜きにしてひとりの人間が引き受けねばならなかった苦痛についてです」

私は、私たちは、その苦痛を、ひとりの人間として、どのように受けとめ、どのような態度を取るのか、取ることができるのか。

やがて、その身にその苦痛を引き受けた人が、ひとり残らず死んでいなくなったとしても、そのひとりの存在を、その苦痛を、決してなかったことにはしないために、集い、彼女たちの傍らに立ち、立ち続ける、ひとりひとりが、いる。

ジョージ・チャールズ・ベレスフォードの写真スタジオにて
イギリス　ロンドン　ヨーマンズ・ロウ　1902年　20歳

自分だけの部屋を持とうとすることは

13

ヴァージニア・ウルフ

享年59歳

Virginia Woolf (1882–1941)

作家・評論家・出版社「ホガース・プレス」創設者
著作は『ダロウェイ夫人』『オーランドー』他多数

かつて私は母とふたりでイギリスを旅行したとき、一緒に、「モンクス・ハウス」を訪れた。イギリス、イースト・サセックス州ルーイス。作家、ヴァージニア・ウルフと夫の男、レナードが暮らしたその家は、ミュージアムになっていて、私たちは、彼女の部屋を見学した。タイルで装飾された小さな暖炉、本が並ぶ書棚、小さなベッド。窓から見える庭には、水仙や臙脂色のチューリップ、イングリッシュブルーベルの花が咲き誇り、陽の光が降り注いでいた。

そこからほど近いところにある、ウーズ川へも行った。

彼女が、ポケットに石を詰め込み、入水自殺した川である。

川へ続くのどかな田園風景の中を歩きながら、私の母は、まだ学生だった頃、彼女の本を夢中で読んだんだ、と私に教えてくれた。とくに『自分だけの部屋』。あの本は、みんな小脇に抱えていた。でも、ようやく、わたしが、自分だけの部屋を持てたのは、パパが死んでからはじめてだったよね、とも。

私たちがその川を見たとき、水位は驚くほど低くて、川底のごろごろした石ばかりが見えた。大きな犬を連れて散歩していた近くの人が、海の潮が逆流して、水位が上がることがあるのだと、教えてくれた。

イギリス、ロンドンに生まれた彼女は、文学に造詣の深い父と母のもとで育った。やがて姉のヴァネッサは画家、兄のトビーは作家、弟のエイドリアンは精神分析家になる。彼女たちが暮らしたブルームズベリーの家には、知識人や芸術家たちが集まり、「ブルームズベリー・グループ」と呼ばれ、彼女はそのなかで出会った批評家のユダヤ系の男、レナード・ウルフと結婚するが、女性とも関係を持っていたことも知られている。彼女は夫である男とともに出版社「ホガース・プレス」をつくりあげ、彼女は自らの著作にくわえ、T・S・エリオットの詩集なども出版した。

彼女が自殺するのは、五九歳。長年、神経衰弱と躁鬱に悩まされていたという。

かつて『ダロウェイ夫人』で、第一次世界大戦後のロンドンの街(↓エミリー・デイヴィソンの葬列を組む女たち)、かつての戦争の記憶を引きずりながら一日を生きる人々を描いた彼女は、やがて、ふたたびはじまった大きな戦争の中を生きることになる。第二次世界大戦、ロンドンの街(↓ロザリンド・フランクリン)はドイツ軍に空襲され、かつて彼女が小説を書いた部屋も瓦礫になった。

その日記には、絶え間なく空襲の記述が繰り返されている。それから、その中で続ける『幕間』の執筆、すっかり本の売れ行きが落ちてしまったこと、原稿で稼ぐことができる金のこと。彼女は、彼女の家のすぐそばの河辺にドイツ軍が落とした、まだ爆発していない爆弾を見た。白い木の十字架の印がつけてあった。彼女は、爆弾でどんなふうに殺されるものかを想像し、書く。「私は思うことだろう――ああ、あと一〇年欲しかった」

しかし彼女が自ら死ぬのは、彼女がそれを書いてから半年も経たないうちのことになる。

私が「モンクス・ハウス」を訪ねたとき、そこには大勢の観光客がいた。ロンドンのブルームズベリーにある公園には、彼女の銅像が建っていた。彼女の本は、あの大戦が終わった後、ずっと未来のいまを生きる私たちにとってもなお、切実なものでありつづけている。

とはいえ、いま、私のまわりに広がるこの世界をみまわしたとき、けれど彼女が生きた時代よりも私は、少なくとも私自身は、ずっと生きやすい時代を生きている。

それは私の母が、母たちが、上の世代のひとりひとりが、この遥か遠く日本の地でも、その小脇に彼女の本を抱え、それぞれの場所で、ときには台所で、ときには職場で、ときには学校で、ときにはそのどれでもない場所で、小さな日々を積み重ねてきてくれた結果なんだ、と私はこの頃よく考える。ちょうど彼女が、その死の直前でも、戦争や空襲のただなかでも、絶え間なく、書き、食事の用意をしつづけていたように。

私はいま、小さな子どもを育てながら、それでも自分だけの部屋をなんとか守り続けようと躍起になっている。

私は私の母と見た、あの川のことを何度も想う。

川はときに深く流れが速くなるけれど、ときに驚くほど浅くもなる。

交霊会　フランス　パリ
天文学者カミーユ・フラマリオン邸にて　1898年　44歳

霊力で旧来の学問を権威を階級をぶち壊す

14

エウサピア・パラディーノ

享年64歳

Eusapia Palladino (1854–1918)

霊媒師

重いカーテンが風もないのに舞いあがる。楽器が突如鳴りだす。机が宙に浮かび上がる様子を男たちが取り囲み観察している、白黒写真もあった。イタリアからやってきた霊媒師、エウサピア・パラディーノ、彼女の交霊会の様子である。

私が彼女のことを知ったのは、科学者マリ・キュリー（→マリア・スクウォドフスカ＝キュリー）について調べていたときのことだった。マリ・キュリーはその交霊会に参加していたし、彼女の夫で科学者の男、ピエール・キュリーに至っては、そのノートに「個人的な見解だが、ここにはわれわれの概念にはない未知の事実、および空間上の物理状態からなる一大領域が存在している」と書き記したほどだった。フランス、パリでその交霊会を開催したのは、ソルボンヌ大学の生理学教授の男、シャルル・リシェ。

二一世紀を生きる私からしてみると、科学者の男たちがこぞって交霊会に参加し、大真面目にそれを科学で解明しようとするなんて、冗談みたいに思える。

けれど私は、彼女を信じた、信じようとした人たちを、笑えない。

彼女は、イタリア南部、ミネルヴィーノ・ムルジェの農家に生まれたが、母は出産の際に死に、父は盗賊に殺された、といわれている。孤児になった後、イタリア、ナポリで子守の仕事をし、奇術師で旅回りの芸人の男と結婚したが離婚、その後、ワイン商人の男と結婚したという。

その経歴によれば、彼女の霊能力は一四歳くらいから現れはじめたという。

彼女は、ナポリ、ローマの研究者や科学者、上流階級の貴族たちの関心を集め、やがてイギリス、ドイツ、フランスなどの各国でも交霊会をやるようになり、そこに研究の一環として、マリ・キュリーらも参加した、というわけだった。

一九世紀末から二〇世紀初頭にかけて、科学は大きな転換期を迎えていた。X線に続き、放射能という目には見えない不思議な力が、発見されていた。遠くの声を伝える電話や、声を記録するレコードが、発明されていた。

この世界には、目に見えないものが存在するのかもしれない。遠い場所の、今ここには存在しない声を、音楽を、この耳に聞くことが、できるのだから。

まだ、だれひとり、放射能というものが一体全体何なのか、核が分裂するということさえ、知らなかったのだ。ならば、もう死んでしまった人間と、霊と、交信することだって、できるのかもしれない。そうと考えても、不思議はないのかもしれない。

晩年、心霊術にのめり込んだ「シャーロック・ホームズ物語」シリーズで知られる作家コナン・ドイルは、彼女についてこう書き残している。

「この識字能力もなく、下層階級出身の、謙虚なナポリの女性霊媒師が、学識者の詭弁を打ち破ることに成功した。それは、非常に重要なことだ」

コナン・ドイルという男は、イギリス、大英帝国、サーの称号も受ける愛国者だ。イギリスによる南アフリカ植民地でのボーア戦争にも積極的で、第一次世界大戦がはじまると、戦意高揚のため「シャーロック・ホームズ最後の挨拶」(イギリスの名探偵は敵国ドイツのスパイを捕まえる)を書くなど、戦争協力もさかんにしていた。

しかしそんな男が、心霊術に深くのめりこんでゆくのは、かの戦争で、長男のキングズリーと次男のイニス、そして義弟や二人の甥らを失った、そのことが大きかったのではないかといわれている。

戦争で、毒ガスで（↓クララ・イマーヴァール）、目に見えないもので、多くの人たちが、死んでいた。

そんな中、交霊会を催す彼女は、旧来の学問を、権威を、階級を、ぶち壊しながら、不条理な死や、繰り返される戦争、大量殺戮に直面する人々を、惹きつけてやまなかったかもしれない、と私は思う。どのような学問を、権威を、生まれや金をもってしても、死んだものはもう生き返らない。なぜ死んだのか、なぜ死ななくてはならなかったのか。科学だけでは説明できない、現実が、いま、目のまえに、ここにあるのだから。

とはいえ、彼女の交霊会に参加した科学者の男ピエール・キュリーは、その死の前日にも、物理学会の友人たちとの夕食会でそれを熱く語ったというが、その死後、ただの一度もその妻であるマリ・キュリーのもとに現れることはなかったという。

実際、彼女の霊媒は、インチキだ、と何度も書き立てられている。奇術師の男に習ったトリックに違いない、とも噂されたし、アメリカで開催された交霊会では、それが徹底的に暴かれた。実際、彼女はしかし、彼女はあっさりそれを認め、こう答えたという。

「交霊を信じない人がひとりでもいる場所ではインチキを使うこともある」

ポーランドからフランスのパリへ出てきたばかりの頃
姉ブローニャのアパートにて　1891年　24歳頃

目に見えないから存在しないというのなら
その目に見せてあげるから

15

マリア・スクウォドフスカ＝キュリー
享年66歳
Maria Skłodowska-Curie (1867-1934)

科学者　ノーベル賞を2回受賞　「放射能」の名づけ親

マリア・スクウォドフスカ。彼女は、後にマリ・キュリーとも呼ばれる人物である。科学者である彼女は、女ではじめてのノーベル賞受賞者のみならず、唯一の二度のノーベル賞受賞者。「放射能」という目に見えないものの、名づけ親でもある。

彼女が生まれたのは、ポーランド、ワルシャワ。しかし生まれながらにして彼女の祖国は、地図の上に存在しなかった。そこはナポレオン戦争後の敗退により、ロシア帝国（→アンナ・アフマートヴァ）の支配下になり、ロシアとの同化政策のため、ポーランドの文化、宗教、言語、全てが抑圧されていた。


彼女は、フランス、パリへ移り住み、ソルボンヌ大学で学び、フランス人科学者の男、ピエール・キュリーと出会い結婚。長女イレーヌを出産。

彼女は研究と分析をおこない、放射性の新元素の存在を発表することになる。

彼女はそれを、祖国ポーランドに因み、ポロニウムと名づけた。

つづけてさらに莫大な放射能をもつ放射性の新元素、ラジウムの存在を発表する。

しかし権威ある化学者の男たちは、口を揃えて彼女に言った。

「それを、この目に見せてくれたまえ。そうしたら信じよう」

新しい元素の存在を認めるのは、その元素を見て、触れて、重量をはかり、調べ、いろいろな酸と突きあわせ、フラスコに入れ、その〈原子量〉を決定したときだけなのだ。つまり目に見えないものは、存在しないも同然、と言いわたされたのである。

そこで彼女は決意する。ならば、目に見えないそれを、その目に見せようと。

実際、彼女は夫である男と共に、一一トンの閃ウラン鉱の鉱石（ボヘミア地方ヨアヒムスタールからパリの実験室の庭まで列車で運ばせた）の中から、放射性ラジウム〇・一グラムを、目に見える形で取り出して、見せた。そうしてノーベル賞を受賞することになる。

放射性ラジウムは、「妖精の光」のような燐光（→ラジウム・ガールズ）を放っていた。彼女はそれを「わが子ラジウム」と呼び、枕元に置いて眠ったという。

彼女は子どもを流産し、男もリウマチに苦しんでいた。目に見えないものが、その身体を蝕んでいた。

彼女はふたたび妊娠、次女エーヴを出産するが、夫である男はリウマチの足を引き摺り歩いていたところ、馬車に轢かれて死亡（→エウサピア・パラディーノ）。彼女は、ふたりの娘たちを抱え、異国フランスの地で、未亡人になった。彼女はしかし研究を続け、女としてはじめてソルボンヌ大学教授になり、不倫による誹謗中傷をも乗り越え、二度目のノーベル賞を受賞したのであった。

第一次世界大戦がはじまると、彼女はフランスのために多額の戦債を購入する。さらには独自に有力者たちの協力をとりつけ、X線によるレントゲンと発電機を搭載した車、「プチ・キュリー」を配備させ、積極的に戦争協力をした。この戦争には、彼女の祖国ポーランドの独立がかかっていたから。

彼女は、自らもその車を運転して前線へ赴き、レントゲンを用いて負傷兵たちを治療した（→リーゼ・マイトナー）。長女イレーヌも同行し、それを手伝った。

戦争が終わり、彼女は遂に、彼女の祖国ポーランドが、ポーランド第二共和国として独立するのを、その目で見ることになったのだった。

享年六六歳。その死因は、放射性障害による再生不良貧血といわれている。長年にわたる放射性物質の実験にくわえ、戦場のレントゲン装置のために扱ったラドンによる放射線被曝が原因だったとも。

彼女の死の翌年、長女イレーヌは、科学者として人工放射性元素の研究によりその夫ジョリオとともに、ノーベル賞を受賞。二年後、次女エーヴは、その母である彼女の伝記『キュリー夫人伝』を執筆、それがベストセラーになった。

彼女は、しかしそれをその目に見ることはない。

やがてまた大戦がはじまり、祖国ポーランドがドイツとソ連に占領分割され、また地図から消されることも、やがて原子爆弾（→ヒロシマ・ガールズ）が太陽よりもなお眩しい光を放つのも、彼女はその目に見ることはない。

イリノイ州オタワの５人のラジウム・ガールズたち　アメリカ　シカゴにて　1937 年（左から）マリー・ロシター　Marie Rossiter（1905-1993）88 歳没　32 歳 , フランシス・グラシンスキー・オコネル　Frances Glacinski O'Connell(1906-1977)71 歳没　31 歳 , マルグリット・グラシンスキー　Maruguerite Glacinski(1908-1981)73 歳没　29 歳（フランシスとマルグリットは姉妹）, キャサリン・ウルフ・ドノヒュー　Catherine Wolfe Donohue(1903-1938)　35 歳没　34 歳 , パール・ペイン Pearl Payne（1900-1998）98 歳没　37 歳

死んでもなお残り続けるものたちは

16

ラジウム・ガールズ

Radium Girls

工場で働き放射性障害になったラジウム・ペインターの女たち

彼女たちの墓にガイガーカウンターを翳すと、いまなお、その針が振れ、音が鳴るという。
彼女たちはラジウム・ガールズと呼ばれた。

ことのはじまりは、マリ・キュリー（↓マリア・スクウォドフスカ＝キュリー）らが発見した新元素放射性ラジウムを、アメリカの富豪の男、ジョセフ・M・フラナリーが妹の癌治療をきっかけに大量生産しはじめたことだった。かつては希少だった放射性ラジウムが、いまや安価で手に入るようになったのだった。癌の放射線治療が容易になったことにくわえ、放射性ラジウム入の水やチョコレート、化粧品まで作られるようになっていた（当時はそれが健康によいと信じられていたし、富豪の男もそれを信じて疑わなかったが、男は放射性障害で死亡した）。わけても、放射性ラジウムは、「妖精の光」のような燐光を放つため、夜光塗料として活用された。

第一次世界大戦中、塹壕で（↓エウサピア・パラディーノ）闘う兵士の男たちが暗闇の中でも正確に時刻を見ることができるようにと、文字盤に光るラジウム塗料を施した腕時計が作られた。それはたちまち人気になり、戦後も流行しつづけた。
アメリカ各地に、時計の文字盤にごく細い筆を使ってラジウム塗料を施す、ラジウム・ペイント工場が幾つもできる。ニュージャージー州オレンジ、イリノイ州オタワ、コネチカット州ウォーターベリー。

彼女たちはそこで働いた。

「最先端」の放射性ラジウムを扱う仕事は、デパートで働くよりも魅力的だったし、なにより給料も高かった。まだ一〇代の彼女たちも、家族や兄弟姉妹に金をわたしてやることができたし、お洒落なドレスを買うこともできた。

問題は工場側が、放射性ラジウムがついた筆先を舐めるよう、彼女たちに指導したことだった。いわれるままに筆を舐めた彼女たちは、放射性ラジウムを、放射性物質を、その体内に取り込むことになる。やがて彼女たちは、貧血を起こし、歯が抜け落ち、顎の骨が砕ける。放射性障害だった。


ニュージャージー州オレンジのラジウム・ペイント工場で働いた彼女たちのうちのひとりグレース・フライヤーは、次々と具合が悪くなる少女たちを前に、異変に気づく。しかし工場は、事実をもみ消そうと、妨害工作に奔走する。しかし、彼女と、彼女とともに立ち上がった少女たちが、米国ラジウム社を相手取り裁判を起こした（裁判の結果は、法廷外で和解）。彼女たちの裁判を知った、オタワのラジウム・ペイント工場で働いた少女たちも、ラジウム・ダイヤル社を訴え裁判を起こす。

彼女たちの裁判は、彼女たちの写真入りで報道されたために注目を集め、ラジウム・ガールズたちは、広く知られることになる（→ヒロシマ・ガールズ）。そうして彼女たちは、損害賠償を勝ち取ったのだった。

裁判で彼女たちは多少なりの金を得たかもしれないが、彼女たちの身体が放射性物質に侵されてゆくのは、もうだれにも止められない（ちなみにこの事件をラジウムの発見者であるマリ・キュリーは知っていて「ひとたび人体に入ってしまった放射性物質（ラジウム）を取り除く方法はない」とコメントをして、バッシングされている）。

彼女たちが働いた工場も、街も、放射性物質で汚染されていた。いまなお汚染が残る場所もある（二〇二三年現在の状況は The Ottawa Radiation Areas Site 参照）。除染するにも、金がかかるのだ。

「私は絶対あなたを忘れない」

オタワのハイスクール、一九二五年の卒業アルバムに書かれていた言葉。ラジウム・ガールズについて書かれたケイト・ムーアの本の冒頭に引用され、掲げられていた。

皮肉なのは、やがて私が、私たちが、彼女たちのことをどれほど忘れようとも、彼女たちの墓の放射性物質だけはいつまでもそこに残り続ける、ということかもしれない。

フランス　パリ
コレージュ・ド・フランスの屋上にて
1941年　31歳

いつも真実の傍らに居続けようとすることの厳しさよ

17

湯浅年子

享年 70 歳

Yuasa Toshiko (1909–1980)

科学者　パリで物理学を研究

日本のひとりの少女が物理学を志し、フランス、パリへ渡った。

彼女の名前は、湯浅年子。

彼女は、日本の東京、元特許庁で働いていた発明家の父（スイスでアルベルト・アインシュタイン（→ミレヴァ・マリッチ）にも会った）と、歌人橘守部を曾祖父とする文化的な母のもとに生まれ、東京女子高等師範学校（現在のお茶の水女子大学）へ入学。彼女は自然現象の根源を追究する物理学に惹かれ、東京文理科大学物理学科へ進学、日本ではじめての女の物理学科生になる。その後は、日本ではじめて女で博士号を取得した生物学者の保井コノ（同じく東京女子高等師範学校卒）にも背を押され、その道を邁進してゆくことになる。そうして学校の図書館で読んだ論文で、イレーヌ・キュリー（→マリア・スクウォドフスカ＝キュリー）とフレデリック・ジョリオ＝キュリー夫妻の人工放射能の研究に出会ったことが、彼女をフランスへの留学に向かわせることになる。


彼女が念願の留学試験に合格し、到着したフランス、パリの街には、戒厳令が敷かれていた。ドイツ軍がポーランドに侵攻し、イギリスとフランスは宣戦布告、第二次世界大戦がはじまっていた。

研究所はすでにフランス軍の管理下だったが、イレーヌ・ジョリオ＝キュリーやポール・ランジュバン（マリ・キュリーの元不倫相手）の協力を得て、彼女は、ようやくコレージュ・ド・フランス原子核化学研究所で研究をはじめる。しかしその三ヶ月後、パリはドイツ軍に占領されたのだった。いまや、フランスにとってナチ・ドイツ（↓マルゴー・フランクとアンネ・フランク姉妹）と同盟国である日本もまた敵国であった。

日本は、満州国（↓婉容）を建国してから八年、日中戦争の泥沼（↓ヴェルダ・マーヨ）の中、神武天皇即位から二六〇〇年、祝賀の年だった。国民総動員法発令から二年が経っていた。

彼女はドイツ軍占領下のコレージュ・ド・フランスで、懸命に研究を続ける。そうしてフランス国家理学博士の学位審査にも合格。日本もまた太平洋戦争に突入していて（↓水曜日にその傍らに立ち続ける女たち　↓風船爆弾をつくった少女たち）、日本に残してきた胃癌の父は死んでしまった。彼女は、三三歳。沸き起こる拍手や祝福の声をよそに、彼女はこう書き残している。

「恐ろしき虚無みつめ居り吾が仕事なれりといへるこの朝にして」

戦況が悪化すると、日本人の彼女は、国からの命令で、フランス、パリを離れ、同盟国であるナチ・ドイツへ向かわなければならなくなる。ドイツ、ベルリンではオットー・ハーン（↓リーゼ・マイトナー）らのもとで研究を続けるが、日本軍からの無理な要請も激しく、研究は思うようにすすまない。やがてナチ・ドイツは降伏、ベルリンは陥落。彼女はモスクワ経由で、日本へ送還されることになる。五年ぶりに帰国した彼女は、彼女の母の死と、瓦礫と化した祖国日本（↓ヒロシマ・ガールズ）の敗戦を目の当たりにするのであった。

「地に伏して泣かまくほしと思ふ日も常の如くにふるまひて居り」

戦後、彼女は、日本で女の地位向上や科学の普及に努めた後、ふたたびフランス、パリのジョリオ＝キュリーらのもとへ戻り研究を続け、その生涯をパリで過ごすことになる。

彼女が死んだのは、フランス、パリ、その名も「放射線」発見者の男の名を冠した、アントワーヌ・ベクレル病院。その死の直前まで、日本とフランスの共同実験実現のために奔走し続けたという。享年七〇歳。

彼女がその死の二年前に書き記した新年の抱負——それは私が生まれた年でもある——を、なぞりながら私は思わず胸がつまる。

「今年心がけること　＊完璧さ　＊寛大さ　＊願望をあまり押しつけない　＊いつも真実の傍らに居続けること」

スイスのチューリヒ工科大学での学生時代　1897年　22歳頃

学問を夢を選ばなかった選べなかったことは

恋をしたことは子を産んだことは間違いだったというのか?!

18

ミレヴァ・マリッチ

享年72歳

Mileva Marić （1875-1948）

チューリヒ工科大学で学ぶ　未婚のまま出産

結婚と離婚後は子育てと家庭に従事

ミレヴァ・マリッチ。

いま、彼女の人生を知ってしまった私は、もはやまえのようには、手放しで彼女の元夫である男を、称えられない。男がチャーミングに舌を出したアイコンはあちこちに飾られていて、世界平和を訴える男の名言は至極もっともらしく語られていて、確かに相対性理論を発見しノーベル賞を受賞した男は「天才」には違いないだろう。

彼女は長らく、そんな「天才」アルベルト・アインシュタインの「悪妻」とされてきた。

私は、その男ではなく、彼女のことを、ここに書き記したい。

彼女はオーストリア＝ハンガリー帝国、ティテル（現在のセルビア）に生まれ、ザグレブ（現在のクロアチア首都）やノヴィ・サド（現在のセルビア）で育った。彼女は幼い頃から優秀で、特別に女でザグレブの男子高等学校に入学を許され、数学と物理学はトップの成績だった。その後スイスへ移住、チューリヒ工科大学に入学。そもそも女が大学に入ることさえ珍しい時代である。数学科コースに女は、彼女ひとりきりだった。黒髪で小柄、片方だけ厚底の靴を履き、足――左足は先天性股関節脱臼のため七センチほど短かった――を引きずるように歩く彼女は、目立った。クラスの男たちは彼女を倦厭したが、ひとりの男、アルベルト・アインシュタインだけは、彼女に情熱的な手紙を書き送る。ついに彼女も男の熱意に根負けする。

「僕の愛しい色黒娘をこの腕に抱くのがほんとに楽しみだ。また僕らの新しい論文をいっしょに書くのも！　君は決して諦めず研究を続けること」ふたりは恋に落ちる。互いに学問を追い

2月の新刊 ●8日発売 ちくま新書

1775
商店街の復権
▼歩いて楽しめるコミュニティ空間
京都大学教授
広井良典 編
コミュニティの拠点としての商店街に新たな注目が集まっている。国際比較の視点や公共政策の観点も盛り込み、未来の商店街のありようと再生の具体策を提起する。
07608-3
1320円

1776
はじめて行く公営ギャンブル
▼地方競馬、競輪、競艇、オートレース入門
ライター
藤木TDC
美しく疾走する姿に感動するもよし。心理戦を推理するもよし。お小遣いを増やすももちろんよし。人生の神髄は競技場にあり。大人が愉しむためのギャンブル入門。
07593-2
1034円

1777
民主主義を疑ってみる
▼自分で考えるための政治思想講義
成蹊大学助教
梅澤佑介
民主主義だけでは民主主義は機能しない。それを補完・抑制する自由主義、共和主義、社会主義などの重要思想を一望し、政治について考えることの本質に迫る。
07603-8
1320円

1778
70歳までに脳とからだを健康にする科学
東京大学名誉教授
石浦章一
健康で長寿になれる正しい方法を生命科学の最新知見に基づき解説します。タンパク質、認知症、筋力、驚きの最新脳科学、難病の治療……科学でナットクの新常識！
07607-6
990円

1779
高校生のための経済学入門［新版］
一橋大学経済研究所教授
小塩隆士
全体像を一気につかむ、最強の入門書を完全アップデート！　金融政策の変遷、世界経済を増補し、キーワード索引でより便利に。ビジネスパーソンの学び直しにも！
07587-1
990円

6桁の数字はISBNコードです。頭に978-4-480をつけてご利用下さい。

筑摩選書

2月の新刊 ●16日発売

0273

漫画家が見た百年前の西洋

▼近藤浩一路『異国膝栗毛』の洋行

和田博文　東京女子大学特任教授、東洋大学名誉教授

黄金の1920年代、日本はヨーロッパ旅行ブームが始まる。いち早く洋行を果たした漫画家の旅行記を通し、百年前の日本人の異文化体験を再体験する。図版多数。

01792-5
1870円

0274

金正恩の革命思想

▼北朝鮮における指導理念の変遷

平井久志　ジャーナリスト

北朝鮮が掲げる金正恩の革命思想とは何か。二〇一一年以来の金正恩時代における、指導理念の変遷を通史的に考察。北朝鮮ウォッチャーの第一人者による最新研究。

01793-2
2090円

好評の既刊　＊印は1月の新刊

十字軍国家
櫻井康人　多様な衝突と融合が生んだ驚嘆の700年史
01775-8 2090円

関東大震災と民衆犯罪 ——立件された二四件の記録から
佐藤冬樹　関東大震災直後、誰が誰を襲撃したのか？
01780-2 1980円

北京の歴史 ——「中華世界」に選ばれた都城の歩み
新宮学　古代から現代まで波瀾万丈の歴史を描き切る
01782-6 2310円

南北戦争を戦った日本人 ——幕末の環太平洋移民史
菅（七戸）美弥／北村新三　幕末期のアメリカを生きた日本人を追う
01781-9 1870円

地方豪族の世界 ——古代日本をつくった30人
森公章　古代地方豪族三十人の知られざる躍動を描く
01788-8 1760円

世界中で言葉のかけらを ——日本語教師の旅と記憶
山本冴里　複数言語の魅力あふれる世界を描き出す
01786-4 1870円

意味がわかるAI入門 ——自然言語処理をめぐる哲学の挑戦
次田瞬　ChatGPTは言葉の意味がわかるのか？
01789-5 1925円

歪な愛の倫理 ——〈第三者〉は暴力関係にどう応じるべきか
小西真理子　あるべき形に回収されない愛の倫理とは何か
01787-1 1870円

台湾の半世紀 ——民主化と台湾化の現場
若林正丈　第一人者による、体験を交えた激動の台湾史
01784-0 2090円

東京漫才全史
神保喜利彦　通説を覆し実証的に描く画期的東京漫才通史
01785-7 2310円

＊**エラスムス　闘う人文主義者**
高階秀爾　理性と精神の自由、今求められる傑作評伝
01790-1 1760円

＊**日本思想史と現在**
渡辺浩　碩学による思想探究を集成した珠玉の小文集
01783-3 2090円

6桁の数字はISBNコードです。頭に978-4-480をつけてご利用下さい。

求める理想的なカップルそのものだ。

しかし夢は、彼女が男の子どもを妊娠した頃から、じりじりと崩れ始める。彼女はスイスで堕胎するかわりに、ノヴィ・サドへ戻り子どもを産むことを、選ぶ。妊娠中に数学の試験に落第する。論文を書くことも諦めた。けれど、男は結婚どころか、その生まれた子どもを見に彼女のもとを訪れることさえしなかった。その子どもは女の子だったが、死んだか養子に出されたのか、わからない。

その後、男はスイス、ベルンの特許庁（↓湯浅年子）に職を得て、ふたりはどうにか結婚（しかし男の母は彼女との結婚を歓迎しない）。息子ハンス・アルベルトとエドゥアルトが生まれ、彼女はもはや学問どころではなかった。男はチューリヒやプラハの大学での教職を転々としつつ、彼女を、子どもたちを、家庭を省みることなく、ひたすら学問に熱中。彼女は、異国の地で、夢も諦め、夫や家族の助けもなく、たったひとりで育児し、孤立してゆく。

そんななか男は従姉エルザと恋仲になり、ドイツ、ベルリンへ移り住む。

ちなみに、男はフリッツ・ハーバー（↓クララ・イマーヴァール）とベルリン、カイザー・ヴィルヘルム研究所（↓リーゼ・マイトナー）の同僚で、思想面では平和主義者と毒ガス開発愛国主義者と相対していても、家庭不和と互いの不倫で意気投合！

彼女は離婚を望まなかったが、男の望み通りに離婚は成立。示談金としてノーベル賞の賞金のうち一二万一五七二スウェーデンクローネがやがて彼女に支払われ、彼女は強欲呼ばわりされることになる。

ナチ・ドイツが台頭すると、結婚したエルザも男もユダヤ人だったため、アメリカへ亡命（結婚はしたものの男の奔放な性生活は終わらない）。彼女は息子たちと、スイス、チューリヒに留まるが、その苦難は終わらない。次男エドゥアルトは統合失調症と診断され、賞金の殆どはその治療費に消えることになる。

彼女が死ぬのは、男が署名した手紙をきっかけにアメリカで製造された原子爆弾が日本の広島と長崎へ投下され（↓ヒロシマ・ガールズ）てから三年後のこと。享年七二歳。やがて男は、かつて自らその手紙に署名したことを後悔し、核兵器の廃絶や戦争の根絶と平和を訴える宣言に署名をするのだが、彼女というひとりの人間についてはどう考えていたのだろう。

彼女の人生を目の当たりにすると、女というのは、才能や努力にくわえ、男選びまで秀でなくてはならないのか?!（社会構造が変わらない限り）と目眩を覚える（独身をとおした湯浅年子やリーゼ・マイトナーの選択。マリとピエールのキュリー夫妻がどれほど稀で規格外なことかは推して知るべし）。

ともに夢中で計算式を解いた青春の日々は、男には相対性理論の発見という栄光をもたらしたが、彼女にはいったい何をもたらしたのか。彼女が学問を、夢を、選ばなかった、選べなかったことは、間違いだったのか。あるいは、彼女が恋をしたことは、子どもを産んだことは、間違いだったのか。そもそも人生に、間違いなんてものはあるのだろうか。たとえそれが「悪」だと罵られようとも。

オフェリアを演じる貞奴
1903年　32歳

血で名を馳せ金を稼ぎ成り上がる

19

貞奴

享年75歳

Sadayakko (1871-1946)

芸妓・女優

貞奴。

彼女は置屋の芸妓から成り上がり、東洋の日本から華の都パリへ乗り込みサラ・ベルナールらと並ぶ大女優と称賛された。彫刻家の男、オーギュスト・ロダン（↓カミーユ・クローデル）も画家の男、パブロ・ピカソをも虜にし（ちなみにロダンは彼女を彫刻にしたいと申し出たが、彼女は時間がないからと断った）、パリの女たちのあいだには、彼女の名を冠した着物風の「ヤッコドレス」が流行したという。

ところで、彼女がそれほどまでにパリの人々を魅了したことのはじまりは、一九〇〇年パリ万国博覧会でやった「ハラキリ」だったと知って、私は彼女に興味を惹かれた。


日本の東京、日本橋に、一二番目の子として生まれた彼女は、七歳で葭町《よしちょう》（元吉原）へ遣られ芸妓置屋の養女になった。彼女は貞だったが、芸妓として奴という名前を与えられ、貞奴となり、座敷へ出た。彼女が男に処女を売り、水揚げをされたのは一六歳。相手はときの首相の男、伊藤博文だったという。

彼女が結婚したのは、自由民権運動の活動家で芝居をやっている男、川上音二郎。

日本と清国（↓婉容）の日清戦争がはじまった年のことだった。

彼女のあの水揚げ相手の男は、その戦争の大本営にいて、後には講和条約も調印することになる。

彼女が結婚した男はといえば、その戦争のおかげで、かつて世相を風刺して歌った「オッペケペー節」が大ヒット。さらには、朝鮮半島へ渡り、慶尚道から、漢城、平壌などを視察し、軍帽から刀まで持ち帰って打った「川上音二郎戦地見聞日記」の芝居も大ヒット。彼女が芸妓時代の客から集めた金で、川上音二郎一座の劇場を建てることになったのだった。しかし男は選挙に出馬して二度落選、破産。逃げ出すようにしてボートを漕ぎ出し、すったもんだした後、やがて一座はアメリカへ興行をしに向かうことに。

　そうしてはじまった波乱万丈のアメリカ公演で（アメリカでは興行主に金を持ち逃げされたり、団員も二人が死亡し、さらなる苦難に見舞われる）彼女は、はじめて舞台に立ったのだった。

　川上音二郎一座をパリ万国博覧会に抜擢したのは、パリに劇場を持つアメリカ出身のダンサーの女、ロイ・フラーであった。最新の電気照明を駆使したサーペンタインダンス《蛇の踊り》で人気を博し、その衣装に放射性ラジウムを使いたい（光るし！）とマリ・キュリー（→マリア・スクウォドフスカ＝キュリー）に直談判して仲良くなったという伝説の持ち主である（勿論、ラジウムの使用は断られた）。

　かくしてその劇場で一座が、歌舞伎の演目『袈裟』で武士の「ハラキリ」をやってみせたところ、「ハラキリ」が大ウケ。しまいには登場人物がみんな「ハラキリ」をやるという破茶滅茶な展開になり、さらにウケ、遂には、女である彼女までが短剣で喉を切り裂いて、武士の妻の「ハラキリ」をやってみせ、かのヤッコ旋風を巻き起こしたというわけだった。

　観客たちは、血を流せば流すほど、熱狂した。

　彼女は、海藻でできた血糊を喉から滴らせ、期待に応えることを厭わない。彼女は、舞台の上で、何度も死んでみせる。そもそも芸妓だった頃、彼女は本物の血を流しながら、その身体で金を稼いできたのだったのだから。

彼女が、ヨーロッパ、ロシアを巡業し日本へ戻ると、次はロシアと日露戦争（→アンナ・アフマートヴァ）だった。

彼女を水揚げした男は、日露戦争が終わると日本の初代韓国統監（→水曜日にその傍らに立ち続ける女たち）に就任し、やがてハルビン駅で朝鮮独立運動家の男、安重根に暗殺されることになる。

彼女は夫である男と一緒に、遂に念願の劇場、帝国座を大阪に作り、彼女はそこで日本の女優育成をした。男が病に倒れると、せめて最後は舞台の上で迎えさせたいと、彼女はその舞台に男を横たえたという。舞台の上で、男は本当に死ぬ。

男の死後、女優を引退した彼女が共に過ごすことになるのは、日露戦争のときに株式投資でひと財産築いて成金になった男であった。かつて芸妓時代の初恋の相手、福澤桃介。男は関西電力と中部電力を設立。「電力王」と呼ばれ、妻子があった。

日中戦争、第二次世界大戦と太平洋戦争、本物の血が流れ続けていた。

ときに人は、血で名を馳せ、金を稼ぎ、成り上がる。

舞台の上で、血を流しながら何度も死んだ彼女が本当に死ぬのは、戦争が終わった翌年のことだった。享年七五歳。

ナイジェリアのアブジャで寮に暮らすチボクの少女たち　2017年

関心と無関心と命の重さと軽さ

20

学校へ通う少女たち

ボコ・ハラムに誘拐されたが解放後ふたたび学校へ通う女学生

私は子どもの頃、乾いた大地の真ん中で、手足が棒のようにやせ細り腹だけが膨れ、目だけが大きく見える黒い肌の子どもの写真を見せられたことを、覚えている。

アフリカでは、子どもたちが飢えています。かわいそうな子どもたちのために寄付を。あるいは、飢えている子どもたちがいるのだから食べ物を大切に。給食を残してはいけません。というような台詞が、続くこともあった。

そのアフリカというものが、アフリカ大陸のナイジェリアという国のことであり、その子どもたちが飢えていたのは、かつての植民地支配に端を発するビアフラ戦争のせいだったと、私が知るのは、もうずっと後、すっかり大人になってからのことだった。私はそれを、作家チママンダ・ンゴズィ・アディーチェの『半分のぼった黄色い太陽』という小説ではじめて知った。

「私たちが死んだとき世界は沈黙していた」

小説の中で書かれる、書のタイトルである。


私は、その国ナイジェリア、北東部チボクで、女子学校に通う少女たちが、イスラム教スンニ派過激組織ボコ・ハラムによって誘拐されたことを知った。BringBackOurGirls《私たちの女の子を取り戻そう》のハッシュタグが世界中を駆け巡っていた。ミシェル・オバマ元大統領夫人や、自らも学校へ通う途中イスラム教スンニ派過激組織タリバンに襲撃され銃で撃たれたマララ・ユスフザイはじめ多くが、そのハッシュタグを掲げ、誘拐された彼女たちへの連帯と救出を呼びかけた。

国内外の多くの人々の関心をあつめたことで、最終的にはナイジェリア政府も介入せざるを得なくなり、彼女たちの解放がもたらされた、ということだった。彼女たちのうちの二一人が解放されたのは、約二年半後のこと。さらに八二人が解放されたのは約三年後。解放後、彼女たちはチボクの村を離れ、寮で暮らしながら学校へ戻っていた。とはいえ、彼女たちのうち未だ行方不明が一〇〇人以上もいるが、死亡したと憶測されるものもいるためにその正確な人数はわからないという。

そもそも動画つきで報道された（→ラジウム・ガールズ　→ヒロシマ・ガールズ）彼女たちは、ボコ・ハラムによる誘拐の一部でしかない。

あの事件の前にも後にも女たちが誘拐されているという。女たちだけでなく、男たちも。女は兵士の妻か奴隷に、男は兵士にするために。

私はそのハッシュタグをシェアさえしたが、その後のことを知ったのは『Stolen Daughters:《盗まれた娘たち：》 Kidnapped by Boko Haram《ボコ・ハラムによる誘拐》』というドキュメンタリー映画を見てのことだった。つまり、恐ろしいことに、私はそのことさえ、すぐに忘れた、ということだった。

そうしてふと手にとってみた『Beneath the Tamarind Tree《タマリンドの木の下で》』という、チボクの少女たちを追った本を開いたら、ひとりの少女が呟いていた。

「もしも誘拐されたチボクの子たちのなかにアメリカ人がいたら、もうとっくにみんな戻って

きているだろうに」(→伊藤野枝)

彼女は結局のところ、この自分の命が、別の国の、力や金を持つひとりの命よりも、ずっと軽いし価値がないから助けてはもらえないのだ、という結論に達したのだ。その言葉は重い。

「私たちが死んだとき、きみは黙っていたのか?」

私は、チママンダ・ンゴズィ・アディーチェの小説の中の書に書かれたその問いを、幾度も、投げかけられる。実際、沈黙が、無関心が、人を殺す。

けれどそれでもなお、多くのことを忘れ、黙ってしまう。私は、私が、恐ろしい。

だからせめて、アフリカではなくナイジェリアを、ビアフラを知りたいし、飢えた子ども、ではなくその子どもがジョロフライスが好きだったか嫌いだったかを、想像することが、できるように学びたい。そうなったとき、私の中で、そこにあるひとりは、私にとって親しく大切な存在になるだろうから。

本当は、命というものは、国にも、力にも、金にも、誰かの関心なんかにも、決して計れないはずなのだから。ひとりの命というものは、だれしも等しく重い。そのあたりまえを、私は、知り、学ぶことで、何度でも、確認したい。

新婚旅行で訪れたパリでモディリアニによる
デッサン画をもとに　1911年　22歳

暴力を前にそれでもなお語ること語ろうとすること

21

アンナ・アフマートヴァ

享年76歳

Áнна Ахмáтова (1889–1966)

詩人　著作は『夕べ』他　作品は発禁処分に

「エジョフの恐るべき歳月を私はレニングラードの獄舎の前の列に並んで十七箇月間過ごした。ある時だれかが私を「見分けた」。そのとき私の後ろに立っていた真っ青な唇のある女が、無論私の名を知るはずもないのに、私たちにつきものの呆然自失からふと我に返ると、私の耳元で囁いた（そこでは誰もがささやき声で話した）。

「このことをすっかり書くことができますか？」

私は言った。

「できますとも」

するとなにか微笑みのようなものがかつてその人の顔であったあたりをかすめた。

一九五七年四月一日　レニングラード
『レクイエム』「序にかえて」


彼女の詩集『レクイエム』が彼女の生前、正式に出版されることはなかったという。なぜならそれは、ソ連、最高指導者の男、ヨシフ・スターリンによる大粛清時代「人民の敵」として捕らえられた夫や息子の男たちに差し入れをするための十字獄、レニングラードの監獄に並ぶ女たちに捧げられた、詩集だったから。彼女もまた、捕らえられた息子レフのためにその列に並ぶひとりであった。

詩を書き留めることも、口にすることさえ危険な日々。彼女が詩を走り書きした紙はなにげないお喋りとともに女たち——たとえば作家で夫が逮捕されていた（後に処刑されていたことが判明する）リージァ・チュコフスカヤ——に手渡され、詩が記憶されるとすぐさまそれは灰皿の中で燃やされた。その詩は、二〇年間、彼女と彼女のまわりの幾人かの人たちの記憶の中に保存されたという。詩を記憶したものは、詩を守るためにも、生きのびる使命があった。

私は彼女の詩が、そんな風にして二〇年もの間、記憶の中で生きのび、こうして本になり、翻訳され、私のもとへ届いたのだ、ということを知り、衝撃を受けた。

彼女はロシア帝国（→マリア・スクウォドフスカ＝キュリー）、オデッサ近郊のボリショイ・フォンタンの町に生まれ、ツァールスコエ・セローとキエフ（現在のウクライナ首都）、サンクトペテルブルクで学び、一〇代のうちから詩作をはじめた。詩人の男、ニコライ・グミリョフの熱烈なプロポーズで結婚。その新婚旅行で訪れたフランス、パリで彼女は、イタリアからやってきたユダヤ系の画家の男、アメデオ・モディリアーニと出会い（ピカソとも友だち（→貞奴→カミーユ・クローデル））、短くも熱い恋に落ちたという（私は彼女を男が描いた絵で知った）。帰国後、夫の男は人類学民族学博物館の仕事でアフリカ、アビシニア（現在のエチオピア）の探検旅行へ出かけ、失意の彼女は詩作に没頭。第一詩集『夕べ』を出版し、やがて詩人の男、オシップ・マンデリシュタームらと共に、詩人としてその名を馳せることになる。

やがて第一次世界大戦が起き（ちなみに夫の男はロシア軍義勇兵として東部前線へ（→クララ・イマーヴァール））、ロシアでは革命が起き、彼女は離婚、学者の男と再婚するが詩作に理解がなさすぎまた離婚、いまやソ連、レニングラードという名前になったサンクトペテルブルクで独り身になる。

ヨシフ・スターリンによる詩人や芸術家の処刑と圧政がはじまろうとしていた。元夫の男は銃殺され、詩人の男はシベリアへ流刑になりその地で死亡。やがて彼女の著作は発禁処分を受け彼女も仕事を奪われ沈黙を強いられることになる。その沈黙の中、彼女と彼女のまわりの人たちの記憶に刻まれたのが、かの詩であった。

「序にかえて」が書かれ燃やされたとき、彼女は六七歳。

いまや住む家もままならず、かつては着飾っていた彼女はもつれた髪をふりみだし、くしゃくしゃの毛布に包まれながら、その詩が記憶されたかを確かめたという。


彼女の『レクイエム』「序にかえて」が、カロリン・エムケの『なぜならそれは言葉にできるから——証言することと正義について』の冒頭に引用されていたのを、私は読んだ。暴力を前に、語ることの難しさを痛感しながら、それでもなお語ること、語ろうとすること。

私は、作家のスヴェトラーナ・アレクシエーヴィチが来日したとき、講演会で聞いたことを思い出す。「ソ連時代、人々はアフマートヴァの詩集を手に入れるため何時間でも並んだが、ソ連が崩壊すると、人々は冷蔵庫を手に入れるために何時間でも並ぶようになった」

私は、詩集を切望する時代が、必ずしもユートピアであるとは限らないことを、はじめて知った。いつか人々が本当に、詩や文学を、語ることや語ろうとすることを必要としなくなる日は、あるのだろうか、と私は考える。

フランス　ノジャン＝シュル＝セーヌにて
1878年　13歳

ミューズという名の呪い

22

カミーユ・クローデル

享年78歳

Camille Claudel（1864–1943）

彫刻家

彼女は、若く美しく才能がある。彼女は一八歳のとき、スキャンダラスではあるが権威ある中年の男に見初められて、弟子になる。中年の男は、たちまち彼女に魅せられる。彼女は、男のミューズになった。彼女は男のためにモデルになり、男の仕事の相談に乗り、男の弟子として仕事を手伝い働き、男の恋人になった。男は二四歳年上で、内縁の妻がいたけれど。

彼女の名はカミーユ・クローデル。

男はフランス、パリで名を馳せた彫刻家、オーギュスト・ロダン（→貞奴）（ちなみに日本の上野の国立西洋美術館にも男の彫刻がある）。

正直、このパターンが、これまで世界のあちこちで、どれほどまでに繰り返されてきたことか、いまなお繰り返されていることか、と私はそれをいとも容易に想像できる。

しかしそもそも男ばかりの世界に、たったひとり女として乗り込んでゆくとき、他にいったいどんな道があるというのか、どんな道を選べるというのか。

やがて彼女は男の子どもを妊娠。彼女は子どもを望んだが、男は中絶させた。そうしてふたりの関係は破局を迎えることになる。しかし驚くべきことに全てを失ったのは彼女だけだった。彼女は男を、師を、恋人を、子どもを失った。彼女がこれまで男のために費やした労力も時間も仕事も、もう返ってこない。彼女の姿はミューズとして男の彫刻に彫られたかもしれないが、別段それは彼女自身の彫刻が評価されることには役立たない。それどころか、男のおかげで彼女は貶められることになる。

彼女の彫刻をフランス、パリ、男の名だけが冠された「ロダン美術館」ではじめて目にした時、思わず私はその場に立ち尽くした。去ってゆく男を追い縋るように手を伸ばす女のブロンズ。その指先は、決して届かないし触れ合わない。

『L'age mûr《分別の年代》』それはロダンとの破局と重ねて語られることが多い。

けれど私には、その女が縋ろうとするのはただひとりの男というよりも、彫刻という自らの夢、自らの仕事、自らの人生そのものであるようにしか見えない。

男と破局した後も、彼女は彫刻を続け、夢や仕事を諦めず、生きたいと願い、すがりつこうとする。ブロンズをもってしてそこに挑み、戦おうとする。しかしそんな彼女に投げつけられた言葉は、「ロダンの才能のカリカチュア」だったという。


結局、男はもとよりだれひとり、彼女のその手を握り、すくいあげようとすることなく、彼女は狂気の底へ沈んでいった。錯乱状態になった彼女は、四九歳、精神病院へ入院させられる。もう彼女は若くも美しくもないとされるようになっていて、彼女はそれでも彫刻家の男が彼女の仕事を妨害し嫌がらせをしてくる、というせん妄に囚われ続けていたという。

経済的にも彼女を助け続けていた弟の男、ポール・クローデルも、もう彼女を助けはしない。

「あなたが精神病院のためにお金を使うのを見ていると残念です。そのお金でわたしは立派な作品を作ったり、快適な生活ができるはずなのに。本当にひどい！　涙が出ます」

彼女はこう手紙を書き送ったが、彼女の生を反転するように、弟である男は、作家としての人気を博し、成功への道をかけあがっていった。

彼女は、その後三〇年あまりを精神病院で過ごし、たったひとりで死んでゆく。享年七九歳。

私がひとつ希望を持てるのは、かつてまだ彫刻をはじめたばかりの彼女が暮らしたパリ郊外ノジャン＝シュル＝セーヌの街に、彼女の名を冠した、彼女のための美術館、「カミーユ・クローデル美術館」ができたこと。

かつて私はその街のすぐそばにあるアーティスト・イン・レジデンスに、ひと月ほど滞在したことがある。そこはセーヌ川のほとりにある、絵に描いたような美しい街だった。ただ、街のどこにいても木々や建物の合間から、そそり立つ巨大な原子力発電所の煙突が覗いて見えた。

いま、その場所で、私は、私たちは、彼女の作品を、見ることができる。

「女工哀史細井和喜蔵碑」の除幕式にて
1958年　56歳

女工はただ哀しいだけの存在なのか

23

高井としを

享年81歳

Toshio Takai (1902–1983)

女工・労働者運動家・詩人　『女工哀史』の執筆を援助

女たちの紡績工場における過酷な労働を記録したルポルタージュ『女工哀史』。紡績工場に集められた女たちは、わずかな給金で、長時間騒音の中、朝も夜も、働かされていた。高温と多湿の中、あたりには綿の繊維が舞いあがり、女たちはひたすら切れる糸を繋ぎ続ける。

日本の改造社から出版されたその本『女工哀史』は、ベストセラーになった。女たちの労働の実態を詳細に教え、その本を完成させるため自ら働きに出て金を稼ぎ養ったのは、ひとりの女工、高井としをであった。著者は、そのパートナーだった男、細井和喜蔵。私は、彼女がようやくずっと晩年になって書くことになった『わたしの「女工哀史」』を読み、そのことを、その本が出版された後のことを、彼女のことを、はじめて知った。

私は、題名ばかりは有名だけれど読んだことがなかったその本、『女工哀史』をはじめて手に取った。

「およそ衣服を纏っているものなれば何びともこれを一読する義務がある」

それはいまを生きる私にとってもなお切実なものだった。私たちが着ている服が、どれほど安い賃金と過酷な労働でうみだされているものであるかということを、仔細に告発する書であった。

その状況が広く知られたことで、女工たちの待遇や賃金はやがて、見直されてゆくことになる。女たちの過酷な労働は、搾取の構造は、改められ、「哀史」は終わるはずだった。しかし彼女の「哀史」は、終わらない。


　本が出版されて間もなく、彼女のパートナーだった著者の男が病死した。彼女は、男の子どもを妊娠していたが、結婚していなかったので「妻」ではなかった。くわえて男の死後、早産で生まれた子どもも死亡。彼女が、かの本の印税として改造社からわずかばかりの金（二〇〇〇円）を手渡されたのは、男と子どもの死後だった（もっと早くにその金があれば、貧困の中で死んでいった男も子どもも助かったかもしれないのに、と彼女は不服だった）。ベストセラーになって莫大な金を生み出したはずのかの本の印税を、それきり彼女が受け取ることは、一度もなかったという。

「内縁関係」でしかない彼女のかわりに、労働者《プロレタリア》作家の友人の男たちが印税を「管理」し、その金で「労働者《プロレタリア》解放運動」（→伊藤野枝　→ヴェルダ・マーヨ）の宣伝パンフレット作成と、国の弾圧に抗い死んだ者たちを弔う「無名戦士の墓」を東京、青山霊園に建立したという。だが、その後の金の行方は不明、と東京新聞の記事にあった。

　労働者《プロレタリア》運動で人間の平等を求め、搾取や抑圧からの解放を謳い上げ、正義と民主主義と反戦平和を高らかに掲げ、日中戦争から太平洋戦争へ向かう国からの弾圧に、抗い、戦う、男たち。そんな男たちに金を「管理」される女は、女たちは、ただ哀しいだけの、可哀想な、存在なのか。

金も名誉もなかったが、『女工哀史』著者の「妻」として特高警察からだけは目をつけられて、それでも働き続けた彼女は、活動家の男と結婚、七人の子どもを産んだ（ふたりが死亡）。太平洋戦争で、夫だった男が死亡。戦後、未亡人になった彼女は、五人の子どもたちを育てながら働きつづけ、貧しいながらも生きぬいた。

彼女の人生の聞き書きや、彼女が書いた詩を収録した『ある女の歴史　高井としを』という、ガリ版刷りの本が残されている。そこには独学で文字を読んだり書いたりできるようになったという彼女の詩があった。

「私は幼女の時から、萩の花が好きだった
すみれの花も好きだった
小さい菊も好きだった
ダリアは美しいとは思ったが
貧しい私には　あまりにも圧倒的だった
それよりも
野菊の紫　野ばらの白
みつばちや　チョウがうらやましかった」

彼女が、彼女自身で書いた『わたしの「女工哀史」』を出版したのは、七九歳のこと。いま、彼女の『わたしの「女工哀史」』が、『女工哀史』とおなじ岩波文庫に収録されている。

ニューヨークのアイドルワイルド空港（現在のジョン・F・ケネディ国際空港）から
カリフォルニアへ向けて出発するために手を振るヒロシマ・ガールズ　1956年
左から、匿名、匿名、倉本美津子、川崎景子、匿名、TS、MW、HS、TT、原田佳枝、
遺骨は中林智子（1995年時朝日新聞の取材での本人が希望した表記による。
取材の了解が得られなかった人の名前はここでも匿名表記）

原子爆弾の恐ろしさと戦争の愚かさと
それでも失われることのない善意と
少女たちが背負わされてきたもの

24

ヒロシマ・ガールズ

Hiroshima Maidens

広島と長崎で原子爆弾により被爆し
ケロイド治療のためにアメリカを訪れた女たち

日本の広島の街に、アメリカの爆撃機からウラン型原子爆弾「リトルボーイ《小さな男の子》」が落とされた。日本の長崎の街に、アメリカの爆撃機からプルトニウム型原子爆弾「ファットマン《太った男》」が落とされた。第二次世界大戦末の一九四五年八月六日と八月九日。アメリカ、ニューメキシコ州(→メイ・サートン)トリニティ・サイトでの爆発実験を経て、人類の歴史上はじめて、原子爆弾が人間の上に落とされた瞬間だった。

彼女たちは、その原子爆弾の閃光の下にいた。

それから、一〇年の時が経った。

アメリカはビキニ環礁などでより強大な水素爆弾の爆発実験を繰り返し、日本では原子力発電を推し進める「原子力の平和利用」キャンペーン(→伊藤野枝)が繰り広げられていた。原子爆弾による放射性物質汚染で草木が芽吹くこともないといわれていた広島と長崎の街にも木々が茂り、新しい建物が幾つも並んでいた。けれど一〇年経っても、原子爆弾炸裂時の高熱で人々の皮膚に刻まれた火傷跡のケロイドは、放射線障害と同じくその身体から消えはしない。そこでアメリカでのケロイドの手術と治療を援助する、という話が持ち上がった。

それを実現させたのは、原爆投下後すぐの広島を訪れ、広島流川教会牧師の男、谷本清らとともに原爆孤児の支援をしていたユダヤ系アメリカ人ジャーナリストの男、ノーマン・カズンズ。男の働きかけで、ニューヨーク、セントラル・パーク北端にあるユダヤ系住民のために創設されたマウント・サイナイ病院が、彼女たちの手術と治療を無償で引き受けることになったのだった。皮肉にも彼女たちに手を差し伸べたのは、かつて日本に原子爆弾を投下したアメリカの人々で、彼女たちを受け入れたのは、かつての日本（↓ヴェルダ・マーヨ　↓水曜日にその傍らに立ち続ける女たち　↓風船爆弾をつくった少女たち）が同盟国だったナチ・ドイツが大量に虐殺したのと同じユダヤ系（↓マルゴー・フランクとアンネ・フランク姉妹）の人々だった。

アメリカでのケロイドの手術と治療に、二五人の被爆者たちが選ばれた。彼女たちは、日本では「原爆乙女」アメリカでは「Hiroshima Maidens《ヒロシマ・ガールズ》」と名指されることになる。

アメリカで、彼女たちは、一年半に及ぶ手術と治療を受けた。そのなかで、彼女たちをホームステイさせた家族たち、医師や看護師、ボランティアたち、彼女たちに同行し通訳をした横山初子らの、真に平和を望む気持ちと、奉仕の精神に裏打ちされた善意、異なる文化の中で向けられたあたたかな視線が、彼女たちを支えたという。

彼女たちのその後は、戦後五〇年の年に朝日新聞の記事にもなっている。一九九五年の時点で、手術中に不慮の麻酔事故で死亡した一人にくわえ、三人が死亡（うち一人は自殺ともいわれる）、三人がアメリカとカナダに暮らし、一八人が広島県内で暮らしているとあった。しかしその取材を拒否し、名前さえ明かさなかったもの（うちひとりは連絡とれず）は八人（イニシャルのみの表記を希望して回答したのは八人）。

彼女たちのうちのひとり、後にアメリカで看護師になった笹森恵子《しげこ》は、やがて彼女自身の体験を語り、アメリカ、日本、世界の人々に、原子爆弾の恐ろしさや悲惨さを訴える活動をすることになる。
しかし彼女たちのうちの八人が、その名前さえひた隠しにし、沈黙し、五〇年経った後にさえ、語らない、語れない。そのことの意味を、私は、考えずにはいられない。

彼女たちを選ぶとき、日本が設定したという基準は「顔その他にみにくいケロイドを残し（中略）た、未婚女性」であったという。「被爆者のなかには男もいるのに、なぜ女ばかりが選ばれるのか」「そもそもアメリカは原爆投下国だしかつての敵国だ、日本にも病院があるではないか」「被爆者がモルモットにされるのではないか」日本国内で議論が巻き起こった。

確かに、少女たちは、少女たちの顔に刻まれたケロイドは、人々の心を、世論を、動かしたかもしれない。それをきっかけに、支援を求める声が高まり、後の原爆医療法制定と、被爆者支援へと繋がったのも事実だ。けれどそれは、少女たちが、ひとくくりにまとめられ、その見ためを、生を、性を、利用され、消費された、犠牲の上にあるのでは、なかろうか。ちょうど、ラジウム・ガールズ（↓ラジウム・ガールズ）たちのように。

原子爆弾の恐ろしさ、戦争の愚かさ、それでも失われることのない善意。それと同時に、私たちがこれまで少女たちに背負わせようとしてきたものを、この社会の歪みを、私は、忘れない。

メイン州ヨークにて　1979年頃　68歳頃

老いることも落胆も観察して書き記す

25

メイ・サートン

享年83歳

May Sarton (1912–1995)

作家・詩人　著作は『独り居の日記』『一日一日が旅だから』他多数

「ニネット・ド・ヴァロアが／詩に詠んだことばが　いまわかる／「いのちは生きるだけじゃない感じることです　より深く」／詩人はこのとき九十四歳。

この旅では／これまでとちがい／わたしは　地形を学んでいる／魅力はある　でも／なんとも　奇妙きわまる。


——メイ・サートン『一日一日が旅だから』「新しい地形」


彼女のこの詩が、私をどれほど励ましてくれたかわからない。かつて三〇歳を迎えようとしていた私は、まるでさきが見えない不安の中で、彼女のこの詩を何度も繰り返し読んだ。それにしても彼女の詩を、彼女の日記を読んでゆくと、三〇歳なんて人生がまだはじまっていないようなもの、六〇歳をすぎて、いや、八〇歳、九〇歳でもまだまだか、と笑えてくる。ふりかえってみれば冗談みたいだが、私は、若さを失うのが、年を取るのが怖かった。

そもそも若かった頃の私の目には、作家にしても、アーティストにしても、若く、激しく、短命な人たちばかりが、やたらと目立って見えた。まだ一〇代、二〇代でこんな作品を残して死んだ、みたいな謳い文句や、ほとばしるきらめきや美が、情熱や激しさが、羨ましかった。

その作者たちの年齢を、ひとつまたひとつと過ぎてゆきながら、凡庸な私はこれといって取りたてて際立つものもないままじりじりと恐怖に包まれてゆく。私は私の顔に皺を見つけては、これから身体も心も衰え諦めを数えてゆくことになるのか、と憂鬱になるばかりであった。しかしながら彼女の詩を言葉を読むにつけ、それはとんだ勘違いだったと気がついた。

メイ・サートン。

彼女の人生は、言葉は、年齢を重ねるごとに、凄みと輝きをどこまでも増してゆく。

ベルギー、ワンデルゲムに、ベルギー人で歴史学者の父と、英国人で家具デザインなどを手掛ける芸術家の母のもとに生まれた彼女は、四歳で祖国を離れることになる。第一次世界大戦、ドイツ軍（→クララ・イマーヴァール）がベルギーへ侵攻したため、一家はイギリスを経て、アメリカ、マサチューセッツ州ボストン（→エミリー・ディキンスン）へ亡命したのだった。彼女は演劇をこころざし劇団も率いたが、二五歳で最初の詩集を出版。その後は書くことに専念することを決める。

第二次世界大戦中は、アメリカ各地で詩の朗読と大学での講義をしながら生活を支え、ニューメキシコ州（→ヒロシマ・ガールズ）、サンタフェでの休暇中、彼女はその後の人生をともにするパートナーになる一四歳年上の女、ジュディス・マトラックと出会っている。

それにしても彼女の詩は、いつまでも評価されない。

彼女は、四六歳で、「中年の独身女性ひとりが、家族の絆を何一つもたず」ニューハンプシャー州ネルソンの田舎の家へ移り住む。彼女は、そこへ祖国ベルギーから運んできた母の家具を据え、庭造りと詩作をしながら生活そのものを切り拓く。彼女によれば、文学的なキャリアにおいては「失敗者」で、彼女がようやく著述のみで自立できるようになったのは、五五歳のときだったという。

その日記では、いつも自分の小説に対する批評が酷いこと、作品がきちんと評価されないことを嘆き続けている。彼女は、小説『ミセス・スティーヴンズは人魚の歌を聞く』を発表し、同性愛を告白したことで、二つの職を失いもしたが、後悔はしない。

彼女が、ネルソンの町から、メイン州ヨークの海辺の家へと移り住んだのは、六二歳。

彼女の日記は『独り居の日記』にはじまり、『海辺の家』から『回復まで』『70歳の日記』、その死後に出版された『82歳の日記』まで続く。

何度も彼女は打ちのめされる。けれどその絶望と孤独を、どこまでもはっきりと見つめることが、書くことが、詩に、作品に、結実してゆく。彼女は、若さを偏重するアメリカ文化に疑問を突きつけ、年を取ることの素晴らしさを語り、ときには激昂し、ときには狼狽し、不安に襲われる。けれど彼女は自殺もしないし、筆も折らない。生きつづける。書く。身体が動かなければテープに録音してでも、書きつづける。生に、死に、性に、愛に、どこまでも正直に。ただ独り、自分自身の魂にだけ責任を持ちながら。一日一日の旅をつづける。

彼女がヨークの病院で死ぬのは、八三歳。

彼女が放つ光は、私を、私たちを、照らし、慰めつづける。

「海沿いの岩の多い島に灯台守りがいると知ることが慰めになるようにして」

ベルリンのカイザー・ヴィルヘルム研究所にて
1920年頃　42歳頃

我らがリーゼ・マイトナー！
我らがリーゼ・マイトナー！

26

リーゼ・マイトナー

享年89歳

Lise Meitner (1878-1968)

科学者　核分裂の発見者

リーゼ・マイトナー。我らがリーゼ・マイトナー！

彼女を、科学者の男、アルベルト・アインシュタイン（→ミレヴァ・マリッチ）は「我らがマリ・キュリー（→マリア・スクウォドフスカ＝キュリー）」と呼んだそうだ。実際、彼女は、マリ・キュリーと並び放射能研究に携わる偉大な女性科学者だし、誕生日も一緒だし、男にとってそれは褒め言葉なのだろうが。しかし私は何度だって繰り返す。リーゼ・マイトナー。我らがリーゼ・マイトナー！

彼女はオーストリア＝ハンガリー帝国、帝都ウィーンで、ユダヤ系の弁護士の父とピアニストの母のもとに生まれ育った。彼女は学問を志すが、そもそも女はギムナジウムには入学できなかった。ようやく女に大学入学資格が与えられ、彼女は試験を受けて大学に入学、女として四人目の博士号取得者になる。しかし女が就ける研究ポストなど皆無だった（ところで彼女は放射能研究を志し、当時すでに有名だったマリ・キュリーに研究所で働かせて欲しいと手紙を書いたが席がないと断られている）。

彼女は、ドイツ、ベルリンへ向かい、ようやく化学者の男、オットー・ハーン（→湯浅年子）と共同研究を、はじめることができることになる。とはいえ、ベルリンの地は、ウィーンにもまして保守的で、女が研究所に足を踏み入れることさえ許されず（勿論女性用のトイレもない）、地下の作業場で研究させられたのだった。しかも無給で。

その後、彼女は、ようやくベルリン、カイザー・ヴィルヘルム研究所にポストと給金を得たが、その苦難は終わらない。

第一次世界大戦がはじまると、共同研究者の男は、同じ研究所の男、フリッツ・ハーバー（→クララ・イマーヴァール）がやっていたドイツ軍の毒ガス作戦（→エウサピア・パラディーノ）に従事することになり、戦場へ。彼女もまたウィーンへ戻り、オーストリア＝ハンガリー帝国軍に志願、X線技師兼看護師として東部戦線（→アンナ・アフマートヴァ）へ向かったのだった。皮肉にも、彼女とマリ・キュリーは共にX線技師兼看護師として、相対する陣営で兵士たちの救護活動をしていたことになる。戦争の悲惨さを目の当たりにして衝撃を受けた彼女は、その後、ベルリンの研究所へ戻り、ひとり研究を続けながら、その敗北を知ることになる。

やがてドイツではナチ党が台頭（→マルゴー・フランクとアンネ・フランク姉妹）。同じ研究所の男、フリッツ・ハーバーはユダヤ系だったため自ら辞職し、ユダヤ系の彼女も解雇されたが、彼女はベルリンに留まり共同研究者の男らと研究を続けていた。遂にオーストリアもナチに占領されると、彼女の身も危険になったため、命からがらベルリンを脱出、スウェーデン（→アストリッド・リンドグレーン）へ亡命することになる。しかしそれでも彼女は、ベルリンに残った共同研究者の男、オットー・ハーンとの研究を、手紙のやりとりをしながら続けたのだった。いまや、ふたりは三〇年以上にわたる研究パートナーだった（しかし男は実生活のパートナーではない）。そうしたある日、彼女は男からの手紙を受けとる。彼女は、たまたま彼女を訪ねてきていた科学者の甥、オットー・フィリッシュとともに検証を重ね、遂に「核が分裂している」という結論を導き出した。それは「核分裂」という、科学史を新たにする偉大な発見であった（これまで「核《アトム》」は最小の単位であると信じられていたのだから）。彼女は、すぐさま共同研究者の男に、それを手紙で知らせた。

共同研究者の男は、核分裂の発見を論文として発表する。しかし男は、その論文に、自分の名前と助手だった男の名前だけしか記さない。「ユダヤ人」の「女」である彼女の名前を載せない。かくして核分裂は、男たちだけの、手柄になった。

核分裂発見の功績により、オットー・ハーンだけが、ノーベル賞を受賞した。

核が分裂する。つまりそれは、そのエネルギーを使えば、かつてないほど強大な力を持つ爆弾を作ることが可能になる、という意味でもあった。それから七年後、実際、その核分裂のエネルギーを利用した原子爆弾をアメリカがつくりだす（→ヒロシマ・ガールズ）ことになる。

第二次世界大戦が終わり、ドイツは敗戦。しかし彼女が与えられたのは「原爆の母」という汚名だけだった。そもそも彼女は原子爆弾開発になど関わっていなかったのだったが。

ノーベル賞授賞式で、男は彼女の功績には殆ど触れない（→ロザリンド・フランクリン）。けれど彼女はその授賞式の席で、男を祝福さえした。なにしろその式は、彼女が亡命した先、スウェーデンのストックホルムで行われたのだから。

彼女が、ドイツ、ベルリンの研究所へ戻ることは、もうなかった。

彼女は自ら引退する八二歳まで研究を続け、九〇歳直前まで生きることになる。

彼女は、リーゼ・マイトナー。我らがリーゼ・マイトナー！

スウェーデン　ストックホルム
ヴァーサ公園にて　1930年　23歳頃

でも、よくって？
わたしは世界一つよい女の子なのよ！

27

アストリッド・リンドグレーン

享年94歳

Astrid Lindgren (1907-2002)

作家　著作は『長くつ下のピッピ』
『やかまし村の子どもたち』他多数

世界一つよい女の子。

サーカスで世界一つよい男、大力アドルフを負かす、女の子。

長くつ下のピッピ。

子どもの頃、夢中で本を読みながら、私もピッピみたいになりたかった。大人になった私は、子どもに『長くつ下のピッピ』を読み聞かせながら、やっぱり、私は、ピッピみたいになりたくて、そうしてはじめて私は、その作者アストリッド・リンドグレーンのことを調べはじめた。


彼女について私が一番驚いたのは、第二次世界大戦中、『戦争日記』を記していた、ということだった。しかもそれは、彼女がまだ作家としてデビューするより前のこと。それが出版されることさえわからないまま、そこには驚くべき熱量で新聞や雑誌記事を切り抜き貼りつけながら、恐ろしく仔細に戦況と日常が綴られていた。

中立国だったスウェーデン、ストックホルム（↓リーゼ・マイトナー）の街で、彼女は、戦争がはじまるその日——ヴァーサ公園で子どもたちと遊んだ翌日、ドイツがポーランドを爆撃し、ココアや石鹸を買いだめした——から、戦争が終わる——日本と連合国が休戦合意、夫のステユーレが盲腸の手術をして、ペタン元帥が死刑を宣告されていた——まで、書き記す。しかも彼女は、戦争中、手紙検閲局の検閲官として、スウェーデンや、ナチ・ドイツ占領下（↓マルゴー・フランクとアンネ・フランク姉妹）の国々の人たちの手紙をひたすら読むという秘密任務もやっていた。

ちなみに、後に彼女の本や、トーベ・ヤンソンの『ムーミン』シリーズの翻訳を手がけることになる小野寺百合子が、ちょうどその頃、公使館附武官だった夫の男とともにストックホルムの街にいて、連合国と枢軸国双方の情報があつまるその場所で諜報活動を手伝い暗号文を打っている。

彼女の『戦争日記』を読んでみると、そのほとんど最後に、彼女の『長くつ下のピッピ』が出版されたことが記されている。つまり、ピッピが書かれたのは、彼女が戦争を記録し続けていた第二次世界大戦のただ中で、それが本として登場するのは、まさに戦争が終わるときのことだった、ということ。

ピッピは、大人がいうことだからといってただ黙って従うなんてことはしない。

ピッピは、世界一つよい女の子。彼女が負かす男の名前が大力アドルフ（↓クララ・イマーヴァール）というのもただの偶然ではなさそうだ。

スウェーデン、ヴィンメルビーの町で、四人兄弟の長女として生まれ育った彼女。

「ヴィンメルビー新聞」の編集局で見習いとして働いたが、一八歳のときに三一歳年上の編集長の男の子どもを妊娠（↓カミーユ・クローデル）。男との結婚は望まず、彼女はひとりストックホルムへ。そこで秘書になる勉強をした後、コペンハーゲンで出産、未婚の母になった。

彼女はストックホルムで事務所秘書として働き、やがて会社の上司だった王立自動車クラブ支配人の男と結婚。男との間にも娘のカーリンが生まれ、息子のラッセとともに育てた。

そうしてはじまった戦争の中、カーリンにせがまれて話した物語が、『長くつ下のピッピ』になるのであった。

『長くつ下のピッピ』を書いた彼女が、その生涯で書いた本は八二冊、その作品は九〇以上の言語に翻訳され、出版された本の総数は一億三〇〇〇万冊以上になるという。

彼女は、けれどスウェーデン・アカデミー会員に選ばれることがなかったし、後にスウェーデン・アカデミーからメダルを贈られたときには、それを彼女に手渡すアカデミー会員の男がわざと椅子から立とうとしなかった（その写真がきちんと本に載っていた）、という。

そもそも、札なんて包み紙にすればいいとくれてやるようなピッピがそれを欲しがるとも思えないし、権威など彼女の作品を前にすればどうでもいい些末なことには違いない。

ただ、権威ある文豪とよばれる男たちは、本気で怖れ怯えていたのかもしれない、とは思う。女子どもを相手にする、「児童」文学とよばれる、彼女の作品のようなものたちを。世界一つよい男たちは、心の底では知っていたのかもしれない。彼女が、彼女たちが、どれほどつよいかを。

「でも、よくって？　わたしは世界一つよい女の子なのよ！」

かつて風船爆弾をつくった少女たちが風船爆弾による死者たちに花を捧げる
オレゴン州　ブライ　ミッチェルモニュメントにて　1996年　おそらく60歳代後半
（その地を訪れたのは、井上俊子、岩辺美子、斎藤キヌエ、横溝ヤエ子、田中哲子）

数が名前になるとき

28

風船爆弾をつくった少女たち

Girls, Making Paper Balloon Bombs

風船爆弾づくりに学徒動員されたかつての女学生たち

ひとつの白い巨大な風船が、木に絡まっているのを、子どもたちが発見した。場所は、アメリカ、オレゴン州ブライ、レオナルド川のそば。爆発音が響き渡る。アメリカの民間人、六人が死亡。

これは第二次世界大戦中、日本が唯一アメリカ本土を直接攻撃して出した死者になる。

その巨大な風船は、日本の少女たちの手でつくられ、太平洋沿岸から飛ばされた風船爆弾だった。和紙をコンニャク糊で貼り合わせた、直径約一〇メートルの巨大な風船。そこに爆弾をぶら下げ、日本上空に吹く季節風、ジェット気流に乗せて遥かアメリカ大陸へまで約二日(!)で飛ばし、アメリカ本土を無差別に攻撃する。陸軍登戸研究所では、それを「ふ号」兵器と呼び、そこに搭載するための生物兵器、牛疫ウィルスなどの開発もすすめていた。

全国の女学生たちが動員されていた。満州新京(→婉容)、山形、福島、埼玉、長野、小田原、静岡、岐阜、高岡、福井、鳥取、京都、島根、大阪、岡山、広島、山口、徳島、愛媛、高知、香川、八女、熊本、佐賀、大分。「手先の柔らかい若い女学生の手が和紙の貼り合わせに適している」から、ということだった。北九州、小倉造兵廠では、彼女たちは、白い粒の錠剤、おそらく覚醒剤を飲まされ、働いた。ちなみに小倉造兵廠は、長崎に投下された原子爆弾(→ヒロシマ・ガールズ)の第一投下目標地であったという。

太平洋側の海岸、千葉県一宮、茨城県大津、福島県勿来《なこそ》から約九〇〇〇発が発射された。アメリカ大陸へ到達したと考えられているのは約一〇〇〇発。アメリカの記録では、ハワイを含むアメリカ、カナダ、メキシコなど、戦後に発見された一六を加え、三六一ヶ所が確認されている。そのうちの一発が、オレゴン州ブライで、六人を殺したのであった。

第二次世界大戦が日本の敗戦で終わってから、五一年。かつて風船爆弾づくりに動員されていた女学生、彼女たちのうちの五人が、オレゴン州ブライへ犠牲者を悼むために訪れていたことを、私は知った。

きっかけは、かつて少年時代にアメリカ、トゥーリーレイクの日系アメリカ人収容所に収容されていたユズル・ジョン・タケシタが、かつて教師として小倉造兵廠で山口高等学校女学校の女学生たちに風船爆弾作りを指導し戦後も教師を続けていた久賀芳子に、風船爆弾によって殺された六人の名前を手紙で書いて知らせたことだった。

たった六人、という数でしかなかった死者が、ひとりひとり名前を持った、六人の人間になる。

久賀芳子を中心に、かつて小倉造兵廠で風船爆弾を作った彼女たちが集まり、千羽鶴を折り、それをブライの遺族へ送った。そうして一〇年にわたり手紙のやりとりを続けた末、実現した訪問だった。

彼女たちは、彼女たちがその手でつくった風船爆弾が人を殺したその場所を、ブライのミッチェルモニュメントを訪れ、花を供え両手を合わせ、謝罪した。

遺族たちは、彼女たちを抱擁し、手料理で饗した。

風船爆弾によって殺されたのは、牧師とその妻に連れられてピクニックにやってきた、キリスト教超教派クリスチャン・アンド・ミッショナリー・アライアンス教会の日曜学校生徒たちだった。子どもたちの年は一一歳から一四歳。牧師の妻は妊娠中だった。

名前は、ジェイ・ギフォード、エドワード・エンゲン、シャーマン・シューメイカー、ディック・パツキ、ジョーン・パツキ、それからエルシィ・ミッチェルといった。

彼女たちが、かつて彼女たちが作った、作らされていたものが、いったい何だったのか知ったのは、戦後三〇年が過ぎてからのことだったという（→水曜日にその傍らに立ち続ける女たち）。敗戦のとき、日本の軍は戦争犯罪の証拠隠滅のため、登戸研究所をはじめとする研究所の資料を焼き払い、そこで働いていたものたちには箝口令を敷いていた。

いま、あの戦争が終わってから七九年。

かつて女学生で一〇代だった彼女たちは、いま九〇歳を超える。

彼女たちがひとりまたひとりと死んでゆく。

ときに、語り、謝罪し、ときに、語らず、語ることができないまま、死んでゆく。

私は、彼女たちひとりひとりの名前もまた知りたくて、その声を、残された痕跡を、集めてまわっている。

おわりに

『彼女たちの戦争』は、「ちくま」の表紙絵として一年間、続いて「ｗｅｂちくま」で一年間、描いたものに書き下ろしと、修正を加えたものになります。編集の山本充さんのご尽力と、毎回想像を超えた装丁で彼女たちを共に描いてくださった名久井直子さんに心から感謝します。

連載時から、読んでくださった方々、専門家や研究者、翻訳家の方からアドバイスやご助言をいただけたことも、ありがたかったです。また、東京藝術大学美術館陳列館「彼女たちは歌う Listen to Her Song」展にてこの作品たちを展示するご機会をいただけたことも嬉しかったです。

彼女たちは、私のごく個人的な興味や関心（その多くは作品を創作する過程で出会った）によるため、ここにあるのは彼女たちの人生のごく一部でしかなく、私の見方でしかないこと、人選がとてもかたよっていることをお許しください。

どうかこれを機に、これを読んだひとりひとりにとっての彼女の、彼女たちのことを、教えてもらえたら嬉しいです。この嵐の中で、ささやきに耳を傾けつづけ、私が、私たちが、ささやくことをはじめられるように。

二〇二四年一月　いま戦下にいる彼女たちに心を寄せながら

小林エリカ

引用・参考文献・資料

マルゴー・フランクとアンネ・フランク姉妹

『アンネの日記』増補新訂版、A・フランク、深町眞理子訳、文春文庫
『アンネ・フランクの生涯』キャロル・アン・リー、深町眞理子訳、DHC
『アンネ・フランク――その15年の生涯』黒川万千代、合同出版
『アンネのこと、すべて』アンネ・フランク・ハウス編、石岡史子監修、小林エリカ訳、ポプラ社
『親愛なるキティーたちへ』小林エリカ、リトル・モア
映画『アンネ・フランクと旅する日記』アリ・フォルマン
アンネ・フランク・ハウス　https://www.annefrank.org/en/

伊藤野枝

『新らしき女の道』伊藤野枝
『美は乱調にあり』瀬戸内寂聴、岩波現代文庫
『村に火をつけ、白痴になれ　伊藤野枝伝』栗原康、岩波現代文庫
映画『エロス+虐殺』吉田喜重

シルヴィア・プラス

『シルヴィア・プラス詩集』シルヴィア・プラス　吉原幸子他訳、土曜社
“Daddy” Sylvia Plath Reads（BBCによる録音あり）
論文「シルヴィア・プラス“Daddy”をめぐる一考察」木村淳子、北海道武蔵女子短期大学紀要一九八八年一月一五日
『ベル・ジャー』シルヴィア・プラス、青柳祐美子訳、河出書房新社
『湖水を渡って――シルヴィア・プラス詩集』高田宣子・小久江晴子訳、思潮社
『メアリ・ヴェントゥーラと第九王国　シルヴィア・プラス短篇集』シルヴィア・プラス、柴田元幸訳、集英社
「ザ・シャドー」シルヴィア・プラス、柴田元幸訳「すばる」二〇二二年八月号、集英社

エミリー・デイヴィソンの葬列を組む女たち

映像 NHK「映像の世紀(1)～20世紀の幕開け　カメラは歴史の断片をとらえ始めた」
『サフラジェット――英国女性参政権運動の肖像とシルヴィア・パンクハースト』中村久司、大月書店
『サフラジェット――平等を求めてたたかった女性たち』デイヴィッド・ロバーツ、富原まさ江訳、合同出版
『光の子ども1』小林エリカ、リトル・モア

映画『未来を花束にして』サラ・ガヴロン

ヴェルダ・マーヨ　長谷川テル
『嵐のなかのささやき』長谷川テル、高杉一郎訳、新評論社
「長谷川テル――日中戦争下で反戦放送をした日本女性」『長谷川テル』編集委員会、澤田和子他、せせらぎ出版
『中国の緑の星――長谷川テル反戦の生涯』高杉一郎、朝日選書
『二つの祖国の狭間に生きる――長谷川テルの遺児暁子の半生』長谷川暁子、同時代社

ロザリンド・フランクリン
『ダークレディと呼ばれて――二重らせん発見とロザリンド・フランクリンの真実』ブレンダ・マドックス、福岡伸一監訳、鹿田昌美訳、化学同人
映像「ロザリンド・フランクリン：DNA構造を発見した隠れた偉人――クラウディオ・L・ゲラ（TED-Ed）」

婉容
『我が名はエリザベス――満州国皇帝の妻の生涯』入江曜子、ちくま文庫
『婉容――ラストエンペラー夫人』池内昭一・孫憲治、毎日新聞社
《紙鳶》歌詞日本語訳は、筆者が英語を参照しながら訳出
映画『ラストエンペラー』ベルナルド・ベルトルッチ

ブラック・イズ・ビューティフルを歌う女たち
映画『Black Panther』アニエス・ヴァルダ
Netflix『13th ―憲法修正第13条―』エイヴァ・デュヴァーネイ
映画『ブラックパワー・ミックステープ』ヨーラン・ヒューゴ・オルソン
PBS's Charlie Rose Show（トニ・モリスン）
『塩を食う女たち――聞書・北米の黒人女性』藤本和子、岩波現代文庫
『「他者」の起源 ノーベル賞作家のハーバード連続講演録』トニ・モリスン、荒このみ訳、森本あんり解説、集英社新書

マタ・ハリ
『マタ・ハリ伝――100年目の真実』サム・ワーヘナー、井上篤夫訳、えにし書房
『ザ・スパイ』パウロ・コエーリョ、木下眞穂訳、角川文庫
映画『マタ・ハリ』ジョージ・フィッツモーリス
映画『マタ・ハリ』ジャン・ルイ・リシャール

クララ・イマーヴァール

『毒ガス開発の父ハーバー——愛国心を裏切られた科学者』宮田親平、朝日新聞社
『大気を変える錬金術——ハーバー、ボッシュと化学の世紀』トーマス・ヘイガー　渡会圭子訳、みすず書房
『光の子ども3』小林エリカ、リトル・モア
TVドラマ（MR TV-FILM）「CLARA IMMERWAHR」Harald Sicheritz

エミリー・ディキンスン

『対訳『ディキンソン詩集』』亀井俊介編、岩波文庫、引用の詩の訳出はkvina
『ディキンスン詩集』海外詩文庫、新倉俊一編訳、思潮社
『エミリ・ディキンスンの南北戦争——Emily Dickinson's Civil War』金澤淳子、音羽書房鶴見書店
Apple TV+オリジナル作品『ディキンスン　若き女性詩人の憂鬱』企画・製作アリーナ・スミス

水曜日にその傍らに立ち続ける女たち

『ひとり』キム・スム、岡裕美訳、三一書房
『従軍慰安婦』吉見義明、岩波新書
『マリヤの賛歌』城田すず子、日本基督教団出版局
wamアクティブ・ミュージアム女たちの戦争と平和資料館　https://wam-peace.org/
映画『主戦場』ミキ・デザキ

ヴァージニア・ウルフ

『ある作家の日記（ヴァージニア・ウルフ・コレクション）』、神谷美恵子訳、みすず書房
『ダロウェイ夫人』ヴァージニア・ウルフ、丹治愛訳、集英社文庫
『オーランドー』ヴァージニア・ウルフ、杉山洋子訳、ちくま文庫
『自分だけの部屋（ヴァージニア・ウルフ・コレクション）』、川本静子訳、みすず書房
『灯台へ／サルガッソーの広い海』ヴァージニア・ウルフ、鴻巣友季子訳、河出書房新社
『波』ヴァージニア・ウルフ、森山恵訳、早川書房
『青と緑　ヴァージニア・ウルフ短篇集』西崎憲訳、亜紀書房
『幕間』ヴァージニア・ウルフ、片山亜紀訳、平凡社ライブラリー
『かわいいウルフ』小澤みゆき編著、亜紀書房

エウサピア・パラディーノ

『神秘の世界——超心理学入門』宮城音弥、岩波書店
『コナン・ドイルの心霊学』コナン・ドイル、近藤千雄訳、潮文社
『THE HISTORY OF SPIRITUALISM Vol.2』Arthur Conan Doyle, Read Books（引用は著者が訳出）
『Eusapia Palladino and Her Phenomena』Hereward

Carrington, Legare Street Press

マリア・スクウォドフスカ＝キュリー

『キュリー夫人伝』エーヴ・キュリー　河野万里子訳、白水社

『マリー・キュリー――フラスコの中の闇と光（グレート・ディスカバリーズ）』バーバラ・ゴールドスミス、小川真理子監修、竹内喜訳、WAVE出版

『放射能 キュリー夫妻の愛と業績の予期せぬ影響』ローレン・レドニス、徳永旻訳、国書刊行会

『光の子ども1―3』小林エリカ、リトル・モア

映画『キュリー夫人』マーヴィン・ルロイ

映画『キュリー夫人　天才科学者の愛と情熱』マルジャン・サトラピ

ラジウム・ガールズ

『ラジウム・ガールズ』ケイト・ムーア、山口菜穂子、杉本裕代訳、堀之内出版

『Radium Girls: Women and Industrial Health Reform, 1910-1935』Claudia Clark, The University of North Carolina Press

『Radium Girls』Cyrielle Cy, Glénat Editions S.A.

Netflix（USのみ）『Radium Girls』Lydia Dean Pilcher, Ginny Mohler

The Radium Girls　https://www.theradiumgirls.com/

『光の子ども3』小林エリカ、リトル・モア

CD『Radium Girls 2011』（BeReKeT）Phew＋小林エリカ、楽曲提供 Dieter Moebius

映画『ラジウム・シティ』キャロル・ランガー

湯浅年子

『パリ随想――ら・みぜーる・ど・りゅっくす』湯浅年子、みすず書房

『物理学者　湯浅年子の肖像　Jusqu'au bout 最後まで徹底的に』山崎美和恵、梧桐書院

『湯浅年子 パリに生きて』山崎美和恵編、みすず書房

『改訂 マリー・キュリーの挑戦――科学・ジェンダー・戦争』川島慶子、トランスビュー

「お茶の水女子大学デジタルアーカイブズ～先駆的女性研究者データベース～」湯浅年子（旧東京女子師範学校）https://www.lib.ocha.ac.jp/archives/researcher/yuasa_toshiko.html

『光の子ども3』小林エリカ、リトル・モア

ミレヴァ・マリッチ

『二人のアインシュタイン――ミレヴァの愛と生涯』デサンカ・トルブホヴィッチ＝ギュリッチ、田村雲供・伊藤典子訳、工作舎

『アインシュタイン――その生涯と宇宙』ウォルター・アイザックソン、二間瀬敏史監訳、関宗蔵・松田卓也・松浦俊輔訳、武田ランダムハウスジャパン

『アインシュタイン 愛の手紙』アルバート・アインシュ

タイン・ミレヴァ・マリッチ、ユルゲン・レン・ロバート・シュルマン編集、大貫昌子訳、岩波書店
TVシリーズ『ジーニアス――世紀の天才 アインシュタイン』ロン・ハワード、製作＝NATIONAL GEOGRAPHIC

貞奴

『マダム貞奴――世界に舞った芸者』レズリー・ダウナー、木村英明訳、集英社
『マダム貞奴』杉本苑子（NHK大河ドラマ『春の波濤』原作）、集英社文庫
『光の子ども1』小林エリカ、リトル・モア
論文「玄界灘を渡った川上音二郎」李応寿
映画『ザ・ダンサー』（ロイ・フラー）ステファニー・ディ・ジュースト

学校へ通う少女たち

『半分のぼった黄色い太陽』チママンダ・ンゴズィ・アディーチェ、くぼたのぞみ訳、河出文庫
Netflix『Stolen Daughters:Kidnapped by Boko Haram』（盗まれた娘たち：ボコ・ハラムによる誘拐）
『Beneath the Tamarind Tree: A Story of Courage, Family, and the Lost Schoolgirls of Boko Haram』（タマリンドの木の下で：勇気、家族、ボコ・ハラムによって連れ去られたスクールガールズたちの物語）Isha Sesay, Harper Large Print
『Understanding Nigeria, a country of pain, promise and complexity』PBS NewsHour
『Chimamanda Ngozi Adichie』HARDtalk BBC

アンナ・アフマートヴァ

『レクイエム』アンナ・アフマートヴァ、木下晴世訳、群像社
『アフマートヴァ詩集――白い群れ・主の年』アンナ・アフマートヴァ、木下晴世訳、群像社
『アフマートヴァの想い出』アナトーリイ・ナイマン、木下晴世訳、群像社
『詩の運命――アフマートヴァと民衆の受難史』武藤洋二、新樹社
『なぜならそれは言葉にできるから――証言することと正義について』カロリン・エムケ、浅井晶子訳、みすず書房
エレン・フライス＋小林エリカ対談「人間は細部に宿る」（『エレンの日記』のエレン・フライス（林央子訳）刊行記念）、「すばる」二〇二〇年五月号、集英社
「スヴェトラーナ・アレクシエーヴィチとの対話」二〇一六年一一月二五日・東京大学にて、聞き手＝小野正嗣、司会＝沼野充義
『アレクシエーヴィチとの対話――「小さき人々」の声を求めて』鎌倉英也、徐京植、沼野恭子、岩波書店
アンナ・アフマートヴァ博物館 https://akhmatova.spb.ru/

カミーユ・クローデル

『カミーユ・クローデル』アンヌ・デルベ、渡辺守章訳、文藝春秋

musée Camille Claudel http://www.museecamilleclaudel.fr/

映画『カミーユ・クローデル』ブリュノ・ニュイッテン

高井としを

『わたしの「女工哀史」』高井としを、解説＝斎藤美奈子（斎藤美奈子氏による文章を発端に岩波文庫に収録されることになった）、岩波文庫

『女工哀史』細井和喜蔵、岩波文庫

『ある女の歴史 高井としを（八冊組）』高井としを、杉尾敏明編、現代女性史研究会出版部

東京新聞「こちら特報部」（二〇一五年六月十四日）

音楽朗読劇『女の子たち 紡ぐと織る Girls, Spinning and Weaving』企画・選歌・音楽監修＝寺尾紗穂、演奏・朗読＝青葉市子、寺尾紗穂、脚本＝小林エリカ Tokyo Tokyo FESTIVAL スペシャル13「隅田川怒涛」TOPPING EAST、戯曲は「ランバーロール04」、タバブックス掲載

ヒロシマ・ガールズ

「検証 ヒロシマ 1945〜95〈6〉原爆乙女」中国新聞ヒロシマ平和メディアセンター 報道部・西本雅実（一九九五年二月二六日朝刊）

『原爆乙女』中条一雄、朝日新聞社

『ヒロコ生きて愛――原爆乙女の戦後50年』田坂博子、学習研究社

『恵子 ゴー・オン』笹森恵子、汐文社

『シゲコ！ ヒロシマから海をわたって』菅聖子、偕成社

メイ・サートン

『一日一日が旅だから』メイ・サートン、武田尚子編訳、みすず書房

『独り居の日記』メイ・サートン、武田尚子訳、みすず書房

『わたしの愛する孤独』メイ・サートン、落合恵子訳、立風書房

『ミセス・スティーヴンズは人魚の歌を聞く』メイ・サートン、大社淑子訳、みすず書房

リーゼ・マイトナー

『リーゼ・マイトナー――嵐の時代を生き抜いた女性科学者』R・L・サイム、米沢富美子監修、鈴木淑美訳、シュプリンガーフェアラーク東京

『光の子ども2』小林エリカ、リトル・モア

映画『Lise Meitner: The Mother of the Atom Bomb』Wolf von Truchsess

アストリッド・リンドグレーン

『リンドグレーンの戦争日記 1939－1945』アストリッド・リンドグレーン、井登志子訳、岩波書店

『長くつ下のピッピ』アストリッド・リンドグレーン、大塚勇三訳、岩波書店

『愛蔵版アルバム アストリッド・リンドグレーン』ヤコブ・フォッシェル監修、石井登志子訳、岩波書店

映画『リンドグレーン』ペアニル・フィシャー・クリステンセン

『バルト海のほとりにて――武官の妻の大東亜戦争』小野寺百合子、共同通信社

PortB『リガ・ヘテロトピア』（小野寺夫妻のリガでの日々に関するリサーチをもとにした作品）

風船爆弾をつくった少女たち

『「風船爆弾」秘話』櫻井誠子、光人社

「「風船爆弾許して」製造した福岡・旧八女高女生らが米の遺族訪ね慰霊碑参拝」読売新聞（一九九六年六月二五日朝刊）

久賀芳子「先生もう働けない――風船爆弾に捧げた青春」、『戦争を知っていますか――語り継ぐ女性たちの体験〈2〉』ＮＨＫおはようジャーナル制作班編、日本放送出版協会

『Peace Is a Chain Reaction: How World War II Japanese Balloon Bombs Brought People of Two Nations Together.』Tanya Lee Stone, Candlewick

映画『陸軍登戸研究所』楠山忠之

映画『ON PAPER WINGS』Ilana Sol

『女の子たち風船爆弾をつくる―― The Paper Balloon Bomb Follies』小林エリカ、文藝春秋

音楽朗読劇『女の子たち 風船爆弾をつくる Girls, Making Paper Balloon Bombs』企画＝こほろぎ舎、出演＝角銅真実、寺尾紗穂、浮、古川麦、脚本＝小林エリカ、選曲＝寺尾紗穂、小林エリカ

初出

「ちくま」二〇二〇年一月号―一二月号、「ｗｅｂちくま」二〇二一年二月一九日―二〇二二年二月二日、「ヴェルダ・マーヨ（長谷川テル）」「エウサピア・パラディーノ」「ヒロシマ・ガールズ」「風船爆弾をつくった少女たち」は書き下ろし。

小林エリカ（こばやし・えりか）

目に見えない物、時間や歴史、家族や記憶、場所の痕跡から着想を得た作品を手掛ける。

著書は小説『トリニティ・トリニティ・トリニティ』『マダム・キュリーと朝食を』（共に集英社）、『最後の挨拶 His Last Bow』（講談社）、コミックに〝放射能〟の歴史を辿る『光の子ども1―3』（リトル・モア）、絵本に『わたしは しなない おんなのこ』（岩崎書店）他。

私的なナラティブと社会のリアリティーの狭間を追体験するようなインスタレーション作品も国内外で発表し、主な展覧会は個展「野鳥の森 1F」（Yutaka Kikutake Gallery）、「りんご前線― Hirosaki Encounters」（弘前れんが倉庫美術館）、「話しているのは誰？ 現代美術に潜む文学」（国立新美術館）他。

近年は、音楽家の寺尾紗穂とかつての歌を甦らせる音楽朗読劇シリーズ「女の子たち 風船爆弾をつくる Girls. Making Paper Balloon Bombs」の脚本も手がけている。

彼女《かのじょ》たちの戦争《せんそう》 嵐《あらし》の中《なか》のささやきよ！

二〇二四年二月二九日 初版第一刷発行

著者 小林エリカ
発行者 喜入冬子
発行所 株式会社筑摩書房
東京都台東区蔵前二―五―三 〒一一一―八七五五
電話番号〇三―五六八七―二六〇一（代表）
印刷 TOPPAN株式会社
製本 加藤製本株式会社

ISBN978-4-480-81577-4 C0095